選民

선민

選民 (선민)

저   자 박엘리사벳

1판 1쇄 발행 2020년 8월 20일

저작권자 박엘리사벳

발 행 처 하움출판사
발 행 인 문현광
편   집 홍새솔
주   소 전라북도 군산시 축동안3길 20, 2층 하움출판사
I S B N 979-11-6440-676-0 (03230)

홈페이지 http://haum.kr/
이 메 일 haum1000@naver.com

좋은 책을 만들겠습니다.
하움출판사는 독자 여러분의 의견에 항상 귀 기울이고 있습니다.

이 도서의 국립중앙도서관 출판예정도서목록(CIP)은 서지정보유통지원시스템 홈페이지(http://seoji.nl.go.kr)와
국가자료종합목록 구축시스템(http://kolis-net.nl.go.kr)에서 이용하실 수 있습니다. (CIP제어번호 : CIP2020033121)

코로나19 사태를 보며 저희는 召命 의식이 되살아났습니다. 하루
                                  소명
이틀 사흘 나흘… 대체 의식이 어찌나 잘 되는지 놀라웠습니다. 召命
                                                    소명
意識에서 바라보는 시야는 완전무결한 바벨탑 쌓기에만 열중이지, 하
의식
느님의 根源的인 뜻을 알려 하지를 않습니다.
       근친적

보자, 보자 하여도 2, 3, 4는 하는데 가장 우선해야 할 1을 아니하는
것입니다. 이 엄청난 재앙을 통하여 인내 훈련만 하라 하시는 것이 하
느님의 뜻이라고 보십니까?

政治도 요란하고, 사회도 淫亂하고 교묘하고 교활한 사기행각, 남자
정치   음란
와 남자가 夫婦가 되고, 여자와 여자가 부부가 되는 行爲는 하느님께
        부부   행위
서 禁하시거늘, 그리스도교 國家까지도 만연한 失態이며, 온갖 우상
   금   국가   실태
숭배는 하느님의 뜻이 하늘에서와 같이 땅에서도 終局에 이루시기에
                                        종국
는 심판받을 대상이라는 점입니다. 그리고 교회를 向하여서도 음란하
                                          향
고 교활한 공중 靈이 영적으로 육적으로 姦淫을 하고 있다, 하심을 되
          영   간음
짚어 보아야 합니다. 新敎에서는 사이비 교주로 음란하며, 舊敎는 하
              신교   주교
느님께서 당신의 選民에게 계약을 맺으실 때, 동물이나 사람이나 공
              선민
중의 새, 나무나 돌, 물속의 물고기의 形象을 만들지 말고 섬기지 말
                              형상

라고 하셨으며, 출 애급 당시 광야에서 불 뱀에 물린 사람들이 뱀 毒으로 죽어갈 때, 모세를 통하여 장대 뱀을 만들어 쳐다보는 者는 살게 하셨습니다.

罪로 인하여 재앙이 왔으나, 장대 뱀을 쳐다본 者는 살아났으므로, 훗날 장대 뱀이 偶像化됨으로써 히스키야 왕 때 가루로 만들어 버립니다.

하느님께서는 百年, 이백 년에 한두 명의 선지자를 보내셔서 敎會의 빗나가는 방향을 바로 집고자 하셨으나 한 번도 선지자의 말을 듣지 않았고, 그 後孫은 선지자의 墓를 단장하고 敬拜함으로 야훼의 禍를 더 돋구셨다고 하셨습니다.

舊約聖經에서 가장 경계하심의 信心은 偶像崇拜입니다. 예수님까지 교회가 받아들이지 아니하고 죽이는 일에 가담함으로써 교회를 지켜 주시는 울타리와 望臺를 허무셨고, "너희는 내 백성이 아니라!" 하시며 그 後로는 선지자를 보내시지 않으십니다.

예수님을 따르던 사람들이 신약의 교회를 이루며 지금에 이르렀으며, 舊約 때나 지금에나 像을 만들어 경배의 대상, 우상화하는 信心은 여전하여 사탄의 怪首는 교묘하게 그리스도교 신앙에 성모와 성인·성녀를 끌어들여 그리스도 교도에게 하느님께서 철저히 금하신 우상숭배의 信仰化를 만들었습니다. 이탈리아에서는 수많은 시신 중에 司祭들의 시신을 관에 넣어 보내며 눈물을 흘리시는 동료 사제님, 교황님께서 처참한 心境으로 주님 앞에 서심을 보며 신속히 災殃이 걷힐 수

있길 기대했으나 바벨탑 높이 교묘하게도 만든 聖母像을 보며, 失儀를
금할 수 없었고…….

하여, 1980년대 후반에, 舊敎는 성모·성인·성녀 공경을 성경(케논)
을 중심으로 버릴 건 버리고 취할 건 취하여서 그리스도교 일치를 이
루라 하셨지만 성모 신심은 더 커졌고, 하느님 영역의 성인·성녀 만드
는 일과 그 儀式들로 야훼의 경계하신 敬拜와 讚揚과 榮光을, 그리스
도인들의 몸을 성전이라 하셨는데 그리스도인의 聖殿에는 하느님 외
의 信心이 너무 많습니다. 그를 많은 벌레들이 聖殿을 갉아 먹어서 무
너지기 直前이라 하십니다. 이번에 신천지 공동체가 假變한 靈들에 잡
혀서 모르고 있듯이, 假變한 성모의 靈(사탄의 괴수에 의한 교묘한 지
능)에 잡혀 오랫동안 뿌리내려 왔습니다.

약속하신 回復의 恩惠를 베푸시기 위하여 하느님께서는 청소하실
일임을 아셔야 합니다. 성령 기도회를 通하여 성령 충만하시고 말씀
으로 武將되시면 장점이 많은 가톨릭교회가 아닙니까? 신천지 경우에
도 바로 되시기를 기대해봅니다.

近 40년 전, 김영한 신학자님(숭실대, 개신교 신학자)께서 송광섭
베드로 사제님께 드린 편지를 複寫하여 드렸을 때 대학 출판부에서 출
판을 말씀하시면서 "계속 쓰세요." 하셨을 때, "제가 죽은 後라면 모르
지만…" 하며 고개를 저었는데 지금은 누구나 봐야 할 權利가 있다고
여겨지는바, 마지막 심판만 남은 시점에서 누구에게나 기회는 제공되
어야 하는바 제가 啓示를 받을 때, 한 영상(靈想)이 있었는데 "신문에

요한 웨슬레이와 같은 思想이 나왔음. 이 사상이 밝혀지는 대로 出版하기로 하겠음."의 큰 글자만 확인한 장면이 있었습니다. 그래서 저는 요한 웨슬레이가 누구인지 알아보았습니다.

　그리하여 復活節이 지나도 코로나19 事態는 여전하고, 모든 이가 볼 수 있기를 희망함이 發顯됐습니다.

　1980年代 후반에 하느님께로부터 받은 召命의 내용들을 이제 하나하나 기억을 되살려 기록한 내용들입니다.

　선민 유대인이 예수 그리스도를 불신앙함으로서 이방인이었던 우리가 그리스도인이 되었고, 교회 지도자가 하느님의 계시를 불신앙함으로써 오늘의 예수 그리스도께 접목되지 못한 오늘의 이방인, 이방 종교인에게도 기회가 되었으면 좋겠습니다.

　당시 改新敎 神學者들도 예수님 재림 전에 요한복음 17장의 기도를 이루실 줄로 믿고 있음을 확인했습지요!

제1부

코로나19 사태를 보면서

응급처방전

출 애굽 당시, 원망·불평·불만 하는 백성들을 불 뱀이 나와서 물어 毒독으로 죽어가고 있을 때, 장대에 높이 매달린 놋 뱀을 쳐다본 자는 살아나고, 무시하고 쳐다보지 않은 자는 죽었습니다.

後日후일, 장대 뱀은 에덴에서 범죄犯罪한 인류의 후손을 구하려고 하느님이 사람의 모상으로 죄악 세상에 降生강생하신 예수 그리스도를 당시 사람들은-유대교 지도자들까지도- 알아보지 못하였고, 33세에 십자가에 매달아 죽이는 過誤과오를 범했습니다.

그 십자가상의 하느님이시면서 사람의 貌像모상을 입고 오신 예수는 사람이 罪죄를 지으면 相應상응하는 짐승을 祭物제물로 제사를 드림으로써 罪죄의 속함을 받는 엄격하고도 두려운 번거로움을 예수께서 단 한 번의 산 祭物제물 되심으로 영원히 십자가 놋 뱀, 생명을 살리는 구원자가 되셨음으로 後日후일 그리스도인들이 십자가의 능력을, 지혜를, 구속을, 생명을 발견하게 된 것입니다.

數수많은 그리스도인들이 그분을 인격적으로 만났고, 體驗체험하였으며, 하느님을 본 자는 살아남을 수 없었던 舊約구약 때와는 달리 예수께서는 그리스도인을 兄弟형제라 하시며 하느님 아버지께 아바, 아버지로 부를 수 있는 特權특권을 주셨습니다. 고염나무를 감나무에 접붙임 하여 감이 열리듯이, 연약한 사람이 예수님께 접목되면 그리스도의 生命생명, 하느님의 子女자녀가 되는 것입니다.

教會 指導者들이 先知者와 예수를 反目함
教會 指導者들이 先知者와 예수를 反目함 (교회 지도자 선지자 반목)

구약 때부터 믿음의 공동체마저 하느님의 뜻에 빗나감으로 인하여 100년, 200년에 한두 명의 선지자를 보내시어 바로 引導하려고 하셨으나, 당시 지도자들은 한 번도 듣지 아니하고 선지자를 죽였으며, 그 後孫은 先代가 죽인 선지자의 무덤을 단장하며 "우리가 있었다면 이리 아니 하였으련만!" 하며 하느님 外 그들까지도 숭배하는 過를 범하여 후손은 더 빗나갔다 하시고 마지막으로 당신의 아들 독생자를 親히 보내셨는데, 대제사장이 十字架 형틀에 넘겨 죽였습니다. 그로 인하여 하느님께서는 당신의 백성들을 지키시려던 망대를 허물고, 포도원의 울타리를 허무셨으며, "너희는 내 자식이 아니라!"며 내버려 두신 결과 怨讐, 對敵, 魔鬼的인 사건들이 속출했습니다. 그래서 教會가 비난을 받았습니다.

야훼 하느님, 言約을 이루시려 하심
언약

야훼 하느님께서는 당신의 이름 때문에 烈祖와 맺은 言約으로 인하여 末日에 내 백성을 回復하리라 하셨고, 한 사람, 두 사람, 漸次的으로 가려진 눈을 열어주시고, 회복의 언약을 徐徐히 밝히셨습니다. 이제는 많은 그리스도인들이 感激과 希望으로 幸福해하는 이들이 많아지고 있습니다.

예수께서 십자가에 죽으실 때 "다 이루었다" 하셨으며 무덤에서 부활하심으로 惡을 이기셨으며, 그가 골고타로 向하실 때 능멸과 매 맞음과 죽음은 우리의 傷處를 治癒하시고, 죽을 罪人을 生命으로 바꿔 놓으셨습니다.

에덴동산과 失樂園의 인류

天地를 지으신 하느님께서 빛을, 낮과 밤을 주셨고 창공과 바다, 풀과 씨 맺는 채소와 열매 맺는 果木을 주셨습니다. 하늘 궁창에 해, 달, 별을 지으셨고, 晝夜와 四時와 日字와 年限을 이뤄 주셨습니다. 하늘 궁창에는 새가 날게 하셨습니다. 물고기와 날개 있는 모든 새를 種類대로 創造하셨고, 생육하고 번성하도록 福을 주셨습니다. 땅은 生物을 종류대로, 땅의 짐승을 종류대로, 육축을 그 종류대로, 땅에 기는 모든 것을 종류대로, 지으셨습니다.

그 後에 사람을 하느님의 形象을 따라 흙으로 정성스레 빚으시고 코에 生靈을 불어 넣으셨습니다. 사람을 위하여 에덴동산을 創設하시고, 아름답고 먹기 좋은 나무가 나게 하셨고, 동산 가운데는 생명나무와 善, 惡을 알게 하는 나무도…….

에덴에서 江이 發源하여 동산을 적시고, 거기서부터 갈라져서 네 根源이 되었습니다. 첫째의 이름은 "비손"이며 금이 있는 하윌라 온 땅에 들렀으며, 둘째는 기혼으로 구스 온 땅에, 셋째는 헷데겔로, 앗수

르 東편으로 흐르며 넷째 강은 유브라데로, 創設하시고 그 사람을 이
끌어 에덴동산에 두시어 그것을 다스리고 지키게 하셨습니다.

"동산 각종 實果는 임의로 먹되, 善惡을 알게 하는 나무의 실과는 먹
는 날에는 정녕 죽으리라" 하셨지만 인류의 祖父母님은 創造主와의 약
속을 지키지 못하셨고 에덴에서 쫓겨났습니다.

에덴과는 달리 땅은 황폐하여 소출을 내지 못하였고, 온갖 疾病으로
미움과 질투와 사기 등등 사람의 壽限은 잘 살아야 回甲宴을 열 수 있
었습니다. 舊約 때만 해도 수명이 길었지만 사람이 점점 惡하여 짐으
로 인하여 壽限이 짧아져 왔습니다.

召命을 받음

1980년대 어느 날, 本人은 열심히 집 안 청소와 빨래를 널고 나서
커피 한 잔을 끓여 들고 2층 작은 아이 房으로 올라가서 제자도 冊을
들고 앉는데, "네가 보고, 듣고, 느끼고, 經驗하는 바를 기록하라! 서울
대교구 사목 국장 송광섭 베드로 사제께 드려라."

저희는 깜짝 놀라 "누구도 있고, 누구도 있는데, 왜 저입니까?" "소
명이라면 어떻게 하겠느냐?" 무릎을 꿇으며 "소명이라면 해야지요…
그러나 평신도 신학을 마치고 하면 안 될까요?"

저희는 무얼 써야할지를 알고 있었습니다. "이 한 통의 편지를 쓰고
나면 전 죽습니까?" 歷代 敎會法의 엄중함을 알고 있으므로 意味深長

했습니다.

"베드로 사제가 사목 국장으로 있을 때 함이 좋지 않겠느냐?" 하셨으며, 저희는 "그건 그렇군요!" "너의 많고 많은 고통이 이 하나의 까닭이라!" 하셨고, "이 한 통의 편지가 그토록 많은 고통이 필요했습니까?"라고 많이 울었습니다.

啓示 중의 場面
계시   장면

성경의 요셉이 그 힘든 과정을 참고 견딜 수 있었듯이 제게도 몇몇 啓示들로 認하여 힘든 科程을 견딜 수 있었습니다. 지금 제가 그때의
계시   인   과정
要志를 회상함의 까닭은 인류가 하느님의 뜻을 다시금 묵상했으면 해
요지
서입니다.

당장 코로나19 사태를 보며 몇십 년 전 그때 보여주신 계시 중
最終的인 장면은 눈에 보이지 않는 엘리베이터를 탄 듯 몸이 올라와서
최종적
본즉 아직 이른 아침 미명인데 호스로 마당과 길을 말끔히 물청소하시는 장면이었습니다. 그리고 저희 친정집 앞 미나리 깡을 지나 도랑 길을 가는데 비에 젖은 듯 진흙(찰흙)이 발에 붙어서 걷기가 불편했으며 建築할 때 쓰는 작은 돌멩이가 있길래, 이 돌멩이와 진흙이 함께 어
건축
우러지면 발에 붙지 않고 좋겠다고 생각했으며(신교와 구교의 예배가 잘 어우러지면 좋겠다), 고개를 들어 바라보니 하늘에 닿을 듯한 큰 나무가 있었습니다.

감과도 같은 열매가 나무꼭대기에 몇 개가 달려있는데, 비행기와도 같은 것이 날라 와 하나를 삼키고, 다음 것으로 옮기는 걸 보고 무언의 언어를 제가 알아듣고 있었는데, 비행기와도 같은 그것이 그 열매를 다 삼키고 나면 地上(지상)으로 내려온다는 것입니다.

속히 집으로 들어가려고 하는데, 어느새 다 삼키고 地上(지상)으로 巨人(거인)이 되어, 저보다 먼저 저희 친정집으로 들어갔고 갑자기 날쌔고 강한 회오리바람이 제게 덮쳐오는데, 어느 사이 큰 나무가 제 앞에 서 있고, 제 몸을 나무에 바싹 붙였더니 회오리바람은 저희와 나무를 뱅글 뱅글 뱅글 뱅글 돌다가 큰 나무가 堅固(견고)하여 회오리바람은 휙 지나갔고, 巨人(거인)은 친정집 안방에 양반다리를 하고 앉아있고(문 닫고 있지만 제가 볼 수 있었습니다.) 저희는 그 집으로 들어가서 房(방)으로 가지 않고 집 뒤 안으로 돌아갔습니다.

저희는 놀러 갔다가 들어오는 작은 아이가 들어오는데 방으로 갈까 봐서 발을 동동 구르고 있는데 작은 아이가 집 뒤 안, 제가 돌아간 반대 방향으로 돌아 들어와서 저와 만나 부둥켜안고 기뻐했습니다. 역시 집 뒤 안에서도 아이 들어오는 것을 볼 수 있었습니다(巨人(거인)은 惡魔(악마), 키가 장대한 분은 예수님으로 認識(인식)했습니다).

教會(교회)의 하나되라 하심의 指向(지향)

저는 진흙과 건축 돌멩이에 대해서, 新教(신교)의 기도회 형식의 예배와

舊敎의 禮拜儀式이 성경을 중심으로, 버리고 취함의 科程을 취하여 예
배와 기도회가 잘 定立되길 소망했습니다.

우리는 거울을 보며 입은 옷의 비뚤어져 있음도 보고, 수정하듯이
舊敎도 新敎도 相對의 거울로 비춰보아야 보입니다.

사람들은 뭔가 하긴 하는데 늘 아버지의 뜻과는 달랐습니다. 舊約의
歷代로부터 지금까지 그러했습니다. 그래서 야훼께서는 홀로 일해 오
셨다고 하십니다. 돕는 이 없음을 이상히 여기며 忿하여, 팔을 휘둘러
일하셨다고 하십니다.

들 포도가 아닌 참 포도를 향하여, 신교와 구교는 조율해 보셨으면
합니다! 舊敎는 偶像的 요소를 던져 버리시길 촉구합니다. 그렇게 성
경에서 우상적 요소를 指摘하시는 데도 못 보시는 것입니까?

啓示의 場面

"나무로 지은 건물인데, 數많은 벌레가 갉아 먹어서 금방이라도 무
너질 듯한 狀況을 저희는 바라보면서 그곳에 사람들이 많이 있는데 저
는 발을 동동 굴렀습니다.

다음 장면은 제가 어떻게 그곳에서 나왔는지 모르겠으며 그 건물의
앞에 조금 높은 언덕에 서 있었고, 제가 알만한 분도 있고, 많은 사람
이 門을 나오고 있음을 보았는데 '저들이 안전하게 나오셔야 하는데'
안타깝게 바라보았습니다. 그리고 하늘 아버지께서는 '아버지의 뜻이

하늘에서와 같이 땅에서도 이루어지이다.'의 祈禱를 주심과 산천초목
도 참 그리스도인이 出現하길 鶴首苦待하고 呻吟하며 기다린다 하셨
고, 하느님의 統治가 하늘에서와 같이 땅에서도 이루시기 위하여 싸우
기만 하는 政治와 敎會와 敎會, 양자는 모두 장대 놋 뱀 되신 예수 그
리스도를 바라보고, 治癒와 동시에 끊어진 막대를 연하여 붙여보십시
다!

'유다와 에브라임의 끊어진 막대를 연하여 붙게 하라'는 것입니다.
그다음으로 國土統一을 주신다는 것입니다. (요 17장)

희망과 비전

제가 방송통신대학교 대림 학습관에서 있었던 일입니다. 식당으로
도시락을 먹으러 갔는데 그곳에서 불교도 학생들 몇 명이 동아리 모
임을 하고 있었고, "결혼하고 싶은 여자(남자)가 있으면, 대상의 인형
을 만들어 오라. 그리고 이름을 써 붙이고" 등등.

장희빈 드라마가 생각났습니다. 그러한 장면과 텔레비전을 통하여,
돼지머리 앞에 절하는 젊은 지식인들, 국문학 고전에는 공주가 오줌
을 쌌는데 세상을 적셨다느니 이런 저런 황당무계한 내용들을 지성인
이 접함의 實態는 철학을 정립하여 젊은이들이 우스꽝스럽고, 하찮은
것에 얽매이지 않도록 하느님의 統治가 하늘에서와 같이 땅에서도 이
루시길 간절히 소망하게 되었습니다.

몇십 년 전 오산리 기도원, 기도굴에 가서 "제게 머물 곳을 마련해 주신 순복음교회를 버리지 마시길 기도했으며, 마지막 때에 순복음교회를 사용하여 주시길" 기도 드렸는데, 주님께서 순복음교회를 어떻게 쓰실지에 관하여 기대해 봅니다.

啓示의 한 場面
계 시   장 면

저희는 지금 몇십 년 전에 기록을 회상하여 다시 기록하는 것이며, 당시 현상을 표현하는 한 像이 있습니다. "주방의 렌지에 연결하는 에너지源(직경30cm정도의 큰 연통)관을 두 손으로 잡고 있는데, 그 에너지원을 쓰지 아니하므로(양자의 교회가) 렌지에서 큰 연통이 빠져서 바깥 거리로 확 튕겨 나갔고, 저는 파이프를 손에서 놔 버렸고, 에너지원이 펑펑 바깥으로 계속 나오고 있으므로, 그곳에 불씨만 붙으면 어떻게?

발을 동동 굴렀습니다. 렌지에서 사용되는 에너지는 매우 유용하지만, 거리로 쏟아져 나가는 에너지원은 위험천만이며 담배 불씨만 떨어져도 불바다가 될 듯 무서웠습니다.

일하기 싫어하는 자는 먹지도 말라

저희는 지하도나 길에서 목탁을 두드리는 시주승과 좌판을 펴 놓고 구걸하는 모습을 매우 보기 싫어했습니다. 장차 그런 모습이 되지 않기 위하여, 당시 홀로 버려진 어린아이 같은 사회생활에서, 극복하기 위하여 心血(심혈)을 기울일 때, 제 주변에서 격려하시고, 지켜주신 서은경 님과 박서경 님, 그 가족, 친지는, 제비 다리를 고쳐주신 흥부와 같으며, 수호천사셨습니다.

10년 간 제 실력으로 쓴 편지라고 할까 봐, 학업을 안 했으며 검정고시를 거쳐서 방송대학교에서 공부할 때 '줌마 공동체'와 박서경 님이 관여하시는 장학회(유차남 회장님)에 연결하시어 장학금을 받을 수 있도록 주선해 주셨습니다. 아직 제가 하고자 하는 학업이 남아있습니다.

제가 영등포 자원 봉사자 교육을 받을 때, 설문지를 받은 바 있는데, 그중에서는 기초생활 수급자 處遇(처우)에 관한 項目(항목)이었습니다. 그에 相應(상응)하는 일을 주시고 생활할 費用(비용)을 주시길 체크했습니다. 그리고 몇 차례 영향을 미친 기억은 주의 일을 하는 형제자매를 둔 가족의 불평불만의 호소였습니다.

먹을 것도 머물 곳도 없어 찾아와 하는 수 없어 힘들게 비용을 마련해 주면 주님이 주셨다고, 당당히 받아 간다는 것입니다. 그래서 교회에 안 나간다 하셨습니다. 몇 차례 그런 호소를 들었지요. 그래서 내 자녀와 형제들에게 구걸하지 아니하고 제가 늙어서 자녀에게 **짐이 되지 않으려고 목표를 세웠습니다.**

외로운 여정

우상적인 요소를 버리고 케논(성경)을 중심으로 버리고 취하여, 예수 그리스도의 기도(요 17장)의 성취를 위하여 가톨릭교회가 마땅히 하셔야 할 일을 하시길 간절히 기대하였으나, 성모 · 성인 공경 방법은 더 非聖經的으로(비성경적) 빗나간 상태로 盛하여지고(성), 방송대학교에서 과제를 쓰려고 圖書館(도서관) 참고도서를 찾아보던 중에, "神께서는(신) 시대마다 사람을 선택하여 쓰시고는 그를 사용 後에는(후) 버리신다."는 학자의 紀錄(기록)이 제 마음을 아프게 하였습니다.

하여, 가끔 "아버지, 저를 버리실 것입니까?"고 기도하였지만 잠잠하셨고, "내가 보리라. 보잘 것 없는 자의 외침을 지도자들은 어떻게 處遇(처우) 하시나, 보리라!" 그리고 지식인들이 우스꽝스럽고 허무맹랑한 일에 굴복하고, 돼지머리를 삶아놓고, 절하고, 태양과 달과 별들을, 지구를 제 궤도에서 한 치 오차 없이 運行하시는(훈행) 하느님께서 미워하시는 行爲인줄도(행위) 모르고 그러합지요.

하느님의 통치가 하늘에서와 같이 땅에서도 이루신다면, 그 누구라도 야훼 하느님께 바칠 수 있는 철학이 定立되어야(정립) 한다고 봅니다. 그 狀況을(상황) 그 수준에서 볼 수 있으려면 學業을(학업) 더 해야 한다고 생각했습니다. 그런데 8, 9년 전 부천은 세입자가 살고 있고, 머물 곳이 없어 친구 집에 거처하다가, 딸 아이 명의로 1,200만 원을 貸出받아서(대출) 친구와 함께 부동산을 갔더니, 1,200만 원 전세가 方今(방금) 나왔다고 했습니다.

개봉동 반지하 방에 이사를 하게 되었고, 대전에서 트럭에다 이삿짐을 싣고 오던 그날 일, 房_방에 물이 차서 이사 가고 없는 그 방이 빈 房_방이었고, 안산 일터에 오자면 비가 올까 봐서 컴퓨터 電氣電源_{전기전원} 등을 식탁 위에 올려놓고 상록수역에 내렸습니다. 버스 타러 가던 중에 전봇대에 붙여 놓은 '일, 이천만 원으로도 내 집 마련할 수 있음.'

　일이 끝나는 날, 지금 살고 있는 집을 보고, 새벽祈禱_{기도}에 나가서 기도하면, 하느님이 주신 선물이고, 낮이 되면 이성_{理性}은 사기이고 모험이고 며칠을 그렇게 苦悶_{고민}하였습니다.

　돈 한 푼 없이 대출과 이사를 부동산에서 다 협력 받아서 열흘 만에 일터가 가까운 지금의 집, 반지하 방으로 이사를 왔고, 엠마누엘대학교 基督敎_{기독교} 相談學_{상담학} 碩士課程_{석사과정} 논문을 제출하고 나서 오산리 祈禱院_{기도원}을 갔습니다. "아버지, 몇 년만 일을 더 해야겠습니다. 나이 때문에 일터가 없으므로 하던 일을 좀 더 해야겠어요. 가톨릭교회도 개신교회도 지금 제가 갈 곳이 없잖아요?"의 처지였습니다.

　개신교회 전도사 일을 한다 해도, 제 비전과 목사님과 맞지 않을 때의 곤란을 바라보았고, 그것이 지금은 나이가 많습니다. 10년을 아버지의 일(사명)때문에 학업을 미루고 보니, 나이가 이력서 쓸 때가 아니네요.

塵肺病棟과의 因緣
진 폐 병 동 　　 인 연

집에 돌아와서 보호식 하는 날 塵肺病동 363호실(한 병실에서 10여
년 병간호를 했습니다. 첫 환자는 매월 며칠씩 交代했는데 8년 만에
돌아가셨고, 그 病室의 환자 보호자한테서 電話가 온 것입니다.) 患者
(천국 가신 할머니 권사님을 위하여 탄광촌에서 작은 교회도 지어주
신 분)가 4년 만에 천국 가셨고, 그동안 24시간 看病을 하였고, 병원
교회에서 예배를 드렸습니다. 그리고 貸出金을 갚았습니다.

塵肺患者를 저희와 因緣을 맺어주신 분은 주님이십니다. 1980년대
後반, 머물 곳이 없는 제게 성공회 베다교회 자매가 5천 원을 주면서
旅費하여 태백 예수원을 가게 하셨고, 그때 廢鑛村 가족들을 위하여
중보기도를 드렸었지요. 나에게 수호천사와 같은 친구로 인하여 안산
근로복지공단에서 일하게 된 것은 당시 가톨릭도, 개신교회도, 제가
머무를 단계가 아닌 불안전한 곳이었고, 대출금 때문에 24시간 看病
을 하자니 성공회교회를 못가고 病院敎會 예배를 드리고 가끔 성공회
교회에 갔습니다.

最近 올해 1월 하순에 천국 가신 환자는 한 달 정도 일하러 갔다가 1
년 만에 天國 가셨고, 초등학교 6년 졸업을 앞두고, 초등학교 4학년의
男妹와 헤어진 엄마로서 아이들에게 늙어 짐이 되지 않으려고, 연금을
들었는데 이번에 천국 가신 환자로 인하여 연금을 완납했습니다.

저는 하루에 몇 차례 바치는 기도가 있는데 "언약의 백성이 전갈을

집고, 사자와 뱀을 밟으며, 악한 자 악한 영을 분변하고, 제어할 권세로 품어 주시고, 가나안 원주민을 남김없이 정복할 권세와 지력으로 품어주소서. 허물고, 세울 수 있는 권세로 품어주소서. 언약의 백성에게 가나안 소출을 풍성히 안겨주소서."

이 기도를 저희는 제가 할 사명으로 여기며 기도하던 중에, 이단의 수장 유병언 사망할 즈음에 제가 꿈을 꾸었습니다. 진폐병동 지하 주차장 벽 쪽에 지름이 30cm는 될 만한 큰 뱀이 들어오는데, 순식간에 난도질 당해 있는 장면의 꿈을 꾸었는데 유병언 사망이란 뉴스를 듣게 되었고, 신비한 체험은 그 이후로, 일터에서의 장애물이 걷히고 환자 영혼 구원과, 대출금 완납의 선물, 저는 가나안의 福을 체험하였습니다.

저는 學業을 더 할 마음입니다. 주님께서 임마누엘 하여 주시면 그리 할 것입니다. 하느님 아버지께 有益을 드릴만 하면 成就할 수 있으리라 봅니다.

여의도 순복음 안산교회와의 因緣

제가 순복음 안산교회에 등록하고 1년여 되었는데, 그 당시 오산리에 갔다가 내려오면서 순복음교회의 復興 神學 등 공격을 받고 있으

27

며, 상당히 혼란한 지경임을 意識하고, 제 몸도 쇠약해지고 있고, 성공
회교회는 座席이 없으면(지하철) 서서 다니기가 어렵겠고, 가까운 교
회, 聖餐 禮拜를 드릴 수 있는 교회, 무엇보다 神學的으로 제가 부르짖
은 내용 중에 하느님의 言約, 回復의 때, 예수 그리스도의 다 이뤄놓으
신 救贖 사역, 회복의 때의 약속 등을 생각하며, 가까운 곳의 순복음교
회에서 主日 禮拜를 드려보리라고, 갔다가 엘리베이터에서 地域長님
을 만났고, 지하철이 더디 온 탓도 있지만, 根源의 까닭들로 因하여 당
일 등록하였으며 순복음교회가 양들의 영육 간의 철저한 관리, 祈禱로
돌보심을 보았습니다.

광야의 시랑을 시온을 이루셨음

언약의 백성들을 위하여 지금도 使命的인 祈禱를 바치고 있습니다.
그리고 그동안 勤勞福祉工團 案山病院을 산지로 주셨음을 알게 되었
습니다.

명성교회의 김삼환 목사님이 당하시는 困難의 情報를 들으면서, 매
주 C채널을 발견하고, 주일 이른 아침마다 放映을 듣고 보면서 기도했
습니다.

昨年 어느 날 매일 성경읽기(오늘의 양식) 시간에, 지금 살고 있는
집이 하수 때문에 어려움도 겪었지만, 그야말로 광야의 시랑이었는데
내 主께서 이미 시온을 이뤄 놓으셨음을 보게 되었고, 너희의 수고한

糧食을 너희가 먹을 것이며 누구도 빼앗아 갈 수 없다 하십니다. 이미 여기까지 오신 분도 많으실 줄로 봅니다.

제가 이왕 運轉을 하려면 비상시에 승합차, 트럭, 봉고, 자가용, 차를 운전하려고, 자동 2종 면허를 취득 後에 1종 보통 과정을 취득했습니다. 친구 夫婦는 나이를 고려하여 폐차했으니 제게도 廢車하기를 종용했었지요.

두 달여 자전거로 교회를 갔다 오는 일이 그 전 같지 않고, 어려웠고, 2002년式, 그러나 많이 달리지 않은 中古車를 다시 타게 되었는데, 비가 오는 날 앞이 안 보이면서 接觸 事故가 났습니다.

"죽을 나이가 다 되어서 무슨 運轉이냐?"고 제 안에 對敵의 공격을 의식하고는 主님 앞에 점검하던 중에 광야의 시랑을 이미 시온을 이뤘으며, 내 百姓의 수한이 120歲라 그러하오면 저는 아직 運轉할 수 있는 나이라고 생각하게 되어서 차를 그대로 타게 되었습니다.

베드로 사제님은 어디에?

송광섭 베드로 司祭님께서 생존해 계신지 뵙고 싶습니다. 언젠가 뵈려고 갔다가 성령 봉사회 공동체가 모후의 王冠을 쓰신 聖母像을 들것에 메고 성령 기도회 앞 座席에 안치함을 보고는 베드로 사제님을 뵙지 않고, 당시 뵐 마음을 접었지요. 가톨릭교회를 생각하면, 마음이 아립니다.

야훼 홀로 일해오심

아무도 돕는 자 없음을 이상히 여기며 홀로 야훼 忿怒의 오른팔을 휘두르셨다고 말씀하셨사옵고, 내 主는 이루시옵소서! 아버지의 뜻이 하늘에서와 같이 땅에서도 이루시리이다. 내 주께서 創造하신 조화로움을 이루옵소서! 사랑하는 사람들의 눈을 열어 아버지의 뜻을 익히 알게 하옵소서! 歷代로 지금까지 한 번도 내 主의 뜻을 익히 바로 알고 行한 事實이 없음을 모르는 사람이 뉩니까?

성령 충만한 가운데, "내 주의 뜻이라면 어디든지 가오리다!" "목숨이라도 드릴 수 있습니다."의 열정이 있지 않습니까! 主께서 눈을 열어주세요! 내 주의 뜻을 익히 볼 수 있는 눈을 열어주시고, 행할 수 있도록 지혜를 주옵소서! 거울을 보듯 아버지의 뜻을 익히 알 수 있도록 指導者들의 눈을 열어주옵소서!

이미 옛적에 미리 다 보여주신 바 있사옵고 記錄까지도 있을진대, "아버지, 눈을 열어주시고 행할 수 있도록 指導者들의 눈을 智慧를 주시옵소서! 내 主를 사랑하는 사람들이 저리도 많지 않습니까! 아버지께서 하시는 일은 다 정의롭고, 옳습니다! 사랑하는 저들과 함께 아버지의 뜻을 이루옵소서!"의 기도를 드립니다.

'내 주께서는 결단코 이루신다.' 하셨지만, 그때 소자는 계란으로 바

위치기와 같고 제 손으로 바위를 치면 제 손이 부서질 뿐 일 것 같은 육중한 敎會法, 그리고 익숙해진 慣習은 代代로 서로 이 正當化 하였고, 이루심도 보지 못한 채로 江山이 여러 번 변했습니다. 제가 설 자리는 없어서 진흙 속에, 바위 틈새에 끼어 살았습니다. 그러나 아버지께서는 약속하신 하늘에 附着된 큰 샘과 巨大한 도성을, 현실화하심을 보았나이다. 가나안의 耕作을 보여주셨나이다.

아버지, 아버지의 뜻을 온전히 이루옵소서! 主의 손이 하시는 일은 언제나 정의로우시오니, 모든 것을 제하신들 목숨까지 가져가신들 뉘 抗拒할 자 없어리이다!

하늘에 부착된 샘, 새 예루살렘의 도성

제가 샘을 찾아서 정착하려고 하면, 누군가가 와서 제 샘을 차지하고 저는 일어섭니다. 해가 西山에 가까워 오는데 滿身瘡痍 지친 상태로 고개를 들었는데, 제가 "샘이다!" 하면서 손가락으로 가리켰지요. 높은 山 위에 큰 도르래 샘이 있는데 도르래 지렛대가 하늘에 부착되어 있었고, 다시 보니, 方今 前의 큰 샘은, 巨大한 都城이었습니다. 近 40년 전의 啓示의 한 장면입니다.

烈祖와 맺으신 言約을 기억하사, 回復의 恩惠를 베푸시옵소서! 내 主의 약속은 다 옳았사옵니다! 言約의 백성을 눈동자처럼 지키시옵고,

가나안의 소출을 누구도 빼앗아가지 못하도록 주께서는 울타리가 되시고, 望臺가 되시리이다!
망대

啓示의 두 場面
계시   장면

   키가 장대한 분과 소녀는 손을 맞잡고 빙글빙글 돌아가는 地球本 위
지구본
에서 또 다른 지구본으로 옮기며 일함의 과정이 있는데 "무엇을 하시
는 것입니까?" "학교의 터를 닦고 있다!" 하셨습니다. "저도 갈 수 있
學校 터
습니까?" 키가 장대하신 어른은 제게 고개를 끄덕이셨습니다. 3, 40
년 전의 영상이었고, 제 안에 간직되어 있는 영상입니다.
靈像   靈像
   어려운 걸 하라시는 것도 아닌데 왜 이렇게도 현실은 어려운 것일까
요? 저희도 이상할 정도인데, 내 主께서 "돕는 이 없음을 이상히 여기
主
고, 분하여 분노의 오른팔을 휘둘러, 홀로 일해 오셨다." 하심을 상기
忿
하며, 거의 初창기 理想 중의 하나가 생각납니다. 에베레스트 산처럼
초   이상   山
높은 山 깎아 세운 듯한 絶壁에, 저희는 매미처럼 매달려 있었고, 한쪽
산   절벽
다리를 올려놓으면 頂上(꼭대기)인데 움직이면 떨어질 수밖에 없겠는
정상
데, 아래를 내려다보니 가물가물 저 아래는 깊은 江이었습니다. 어떻
江
게 거기까지 올라왔는지 모르겠고, 내려갈 수도 없고, 3, 40cm 定度
정도
의 苗木 한 그루가 눈에 띄어 그 묘목을 잡고 오른발을 정상에 올리고
묘목
오르는데, 苗木이 뿌리째 뽑히는 걸 보며 저희는 눈을 감았습니다.
묘목
   다시 눈을 떴을 때 저는 강물이 아니라 山 頂上이었고, 이는 내 主께
산 정상   주

서 하신 일임을 감격했습니다. 저는 이 영상(靈像)으로 인하여 내 주의 일을 이루실 것을 믿고 두렵고 떨림으로 행(行)하였습니다.

순복음교회를 동역자(同役者)로?

제가 순복음교회에서 옛일을 다시 상기(想起)하며, 가톨릭교회가 해주시길 바랐으나 나무로 이뤄진 건물에 여기저기 여러 곳을 벌레가 갉아 먹고, 금방(今方)이라도 무너질 듯하여 그 안에 있는 많은 사람들이 안타까워 발을 동동 구르고 서 있는데, 사람들이 문으로 나오고 있음을 보았지요. 가톨릭교회(教會)가 우상적(偶像的) 요소들을 버리지 못한 채 많은 사람들이 나올 수 있음이라면, 그들을 맞을 수 있도록 공예배(共禮拜)와 기도회(祈禱會)가 바르게 견고(堅固)하게 세워지시기를 간원(懇願)합니다. 모본을 세워보시란 의미(意味)입니다. 지금은 하늘의 별 수만큼이나 아브라함의 후손이 많아졌습니다.

영세와 견진을 금호동 천주교회에서 받음

저희는 금호동 천주교회에서 영세를 받았고, 최익철 베네딕도 사제님 시무하실 때 견진성사를 받았습니다. 철궤1, 찬장1, 미군 부대가 직장(職場)이시던 시아주버님으로 인한 군용(軍用) 침대 하나로, 사업에 실패한 단돈 만 원도 없는 분과 기독교인(基督教人)이란 것 하나를 보고 결혼(結婚)하여 옥수동으로 이사를 함으로, 옥수동 성당으로 교적이 옮겨졌습니다. 돈암동 聖靈 奉使會에서 옥수동 성당에서 聖靈 세미나가 있으니 參席하라는 구역장님의 안내를 받아, 한 아이는 등에 업고, 한 아이는 손을 잡고 과정에 臨했고, 5주째 성령 刷新式 날 저는 새 하늘과 새 땅을 경험했습니다.

폐결핵이 나았고, 심장질환이 나았고, 가슴앓이가 나았지요. 産後 질병은 더 심해져서 한약 半제 먹고 날아갈 듯 나았습니다. 놀라운 평화가 그때부터 제 안에 가득하였으며, 심령기도의 恩賜(방언), 內的 治癒 恩賜도 그때 주셨습니다. 돈도, 병도, 빛도, 기도하지 않았는데 전인적으로 主님은 치료하셨습니다!

월세, 전세, 우리 집 마련

겉보리밥도 못 먹던 우리 집은 政府米 한 가마니 사고, 쌀통 하나 사고, 흑백 텔레비전을 샀습니다. 월세도 못 내고, 보증금마저 다 없어진 상태로 1년에 한 번씩 이사를 했었는데, 성령으로 다시 난 後로(예수 그리스도께 楼木, 그리스도의 生命이 됨), 아무 날이든지 이사할 수 있고, 아무 날이든지 장 담글 수 있고, 自由人이 되었습니다.

일류 大學을 나온 師母님도, 社長님도, 가구 한 점도 아무 날이나 못 들여놓는 惡靈들에 잡힌 不自由한 사람들과는 對照的인, 그리스도인의 自由者인 것이지요. 월세 한 번, 전세 두 번 이사하고, 옥수동에 아담한 집을 샀습니다. 단돈 5천 원도 못 갚을 것 같던 빚도 달러 빚은 1할로, 1할 빚은 6부로 다 갚았습니다.

외상 아니 하려고, 먼 쌀가게 가서 겉보리 한 되, 두 되 사다가 먹었는데, 외상과 빚을 싫어하는 제게 그것을 免하여 주셨습니다. 제 양쪽 肺는 그때 앓은 傷處痕迹이 사진을 찍으면 나옵니다.

부르심과 응답

그때 이후로 '제게 온갖 病을 다 고쳐주시고 누구도 빼앗아갈 수 없는 평화를 주신 주님께 제 목숨을 달라고 하셔도 드릴 수 있습니다!'고 감사·감격의 기도를 드렸고, 두 아이를 업고, 聖經공부, 恩賜 세미나, 그리고 낮에 事務長님께 성당 문 열쇠를 얻어놓고, 남편 다리와 발을 손끝으로 주물어 잠들면, 커피를 끓여서 기도하러 갔다가 남편이 깰 즈음에 돌아와서 옆에 누우면, 팔베개를 해주기도 하셨지요.

살트르 수녀원 박복주 修女님께 베델성서 공부를 마쳤을 때 명동 성모병원 院牧室에서는 당시 진폐 환자가 重하여 공동교리에 나오기 어려운 患者 個人 敎理공부를 맡겨주셨고, 그분들이 洗禮(영세)를 받고 감사(感謝) 膳物을 준비하신 일, 두 아이를 데리고 司祭館 祭衣 세탁 봉사를 하던 일, 성모병원 봉사자 이태원 姉妹의 안내로 이태원 할렐루야 선교원 平信徒 신학공부를 하게 되었는데, 소가 여물을 되새김질하여 버릴 것은 버리고 삼킬 것은 삼킨다는 방식으로 공부하던 중에,

안 보이던 十誡命이 보였습니다.
　　　　　십계명

　한 학기를 마치고 여름 방학 숙제로 제자도 冊을 읽으려고, 작은 아
　　　　　　　　　　　　　　　　　　　　　책
이 房으로 올라가서 앉는데, "네가 보고, 듣고, 느끼고, 경험(經驗)하는
　방
바를 기록하라. 서울 대교구 송광섭 베드로 司祭께 드려라." 저는 깜
　　　　　　　　　　　　　　　　　　　　사제
짝 놀라, "왜 접니까? 누구도 있고, 누구도 있지 않습니까?" "召命이라
　　　　　　　　　　　　　　　　　　　　　　　　　　　소명
면 어떻게 하겠느냐?" 무릎을 꿇으며, "소명이라면 해야지요! 그러나
평신도(平信徒) 神學공부를 마치고 하겠습니다." "송광섭 베드로 사제
　　　　　　　신학
가 사목국장으로 계실 때 하면 좋지 않겠느냐?" "그건 그렇군요!" 너
무나 인격神으로 저를 對面하셨습니다. "너의 많고 많은 苦痛이 이 하
　　　　신　　　　대면　　　　　　　　　　　　　고통
나의 까닭이라!" 거기까지셨습니다.

한국 가톨릭교회가 103위 시성시복 즈음

　당시 103위 시성시복을 준비 중이어서, 교황님이 오시게 되어 교구
청이 매우 분주하여 소홀히 다룰 수 있으니 직접 갖다드리라고 까지,
저희는 뭘 쓸지를 알고 있었고, 그 代意는 가톨릭교회는 聖母 恭敬과
　　　　　　　　　　　　　　　　대의　　　　　　　성모　공경
성인·성녀 공경 方向을 성경을 중심(中心)으로 바꾸고, 改新敎會는 성
　　　　　　　방향　　　　　　　　　　　　　　　　개신교회
찬 예배를 드려야 하며, 요한복음 17장, 예수께서 聖父께 간절히 드린
　　　　　　　　　　　　　　　　　　　　　　서울
기도를 하느님께서 이루시자면, 每年 1월 한 주간 동안 一致의 기도를
　　　　　　　　　　　　　　　매년　　　　　　　　　일치
드리던 중에 "너희는 그 기도만으로는 하나 될 수 없다." 하셨습니다.
"입으로만 바치는 그 기도는 百年이 가도 千年이 가도 하나 될 수 없
　　　　　　　　　　　　　백년　　　　천년

다.” 하셨습니다.

명동 가톨릭 회관 성모상 앞에 가서, “聖母님, 성모님은 아시지요?
이대로는 교회가 하나 될 수 없다는 것을! 목숨을 내어놓고 예수를
受諾하신 성모님은 제가 하고자 하는 일을 許諾하실 줄로 저는 알고
있습니다.”

눈물을 줄줄 흘리며 그렇게 성모님께 아뢰고, 집으로 돌아가서 제가
먼저 우리 집의 聖母상과 黙珠를 보자기에 쌌습니다. 뒷산으로 올라가
서 땅을 파고 묻었습니다. 집으로 돌아왔는데 갑자기 두려움이 엄습
하며 山後에 겪던 통증이 의식되면서 성모상 때문인가?

‘나사렛 예수 이름으로 명하노니, 사탄아, 물러가라!’ 순식간에 통증
도 사라졌고, 두려움도 사라졌습니다. 이때까지는 소녀도 성모상 앞
에서 기도했었습니다.

惡靈들의 活動舞臺

그때도 四旬 시기였습니다. 가톨릭 시보에 루마니아(?)에, 천상 여인
이 발현하여 순례객들로 外貨를 많이 벌고 있다고 發顯 사진이 시보에
실렸었지요.

저희는 ‘聖母님이 왜 발현하실까? 내 아들 예수께로 가라, 하시려고
발현하시는가?’ 저는 펜을 들고 祈禱했습니다.

“소녀를 쓰심이라면 천상(天上) 여인 발현의 의미를 알게 하여 주소

서!" 기도하고 써 내려갔습니다.

'골로사이서의 말씀대로 무시하시라, 진짜 성모가 아니라 가변한 영(靈), 가짜 성모이니 무시(無視)하시라'의 기록(紀錄)을 하였고, 교회는 그때 그렇게 하셨습니다.

당시 구교(舊教)에서 활동하는 영(靈)들은 신교(新教)에서도 많은 거짓 그리스도로 출현하여, 신교 지도자들로부터 설교마다 제게도 공격의 화살로 제 영혼(靈魂)의 심장은 만신창이(滿身瘡痍)였습니다.

그때 조용기 목사님을 몰랐었고, 조 목사님 설교가 나오는데, '또 하나의 화살이 박히겠구나' 하고 說敎를 듣는데, "일어나라, 걸어라" 하셨습니다. 만신창이 피 흘리며 짓밟힌 제게 또 짓밟아 넣는 것이 아니라, 저를 일으켜 세우셨습니다. 조 목사님이 그렇게 설교 하신 건 아닌데 저희는 성령(聖靈)의 음성(音聲)을 들었습니다.

밤에 이사

김장을 해놓고, 이불빨래와 세탁, 유부초밥을 만들어 놓고, 남편은 제가 나가는 걸 보지 않으려고 안 들어오셨고, 친구와 함께 이삿짐을 옮기면서 하늘을 우러러 부르짖었습니다. '제가 잘못하여서 밤에 이사하는 것이 아니라는 걸 꼭 보여줘야 하겠습니다!'

전세 500만 원의 약수동 집은 곰팡이와 강아지만 한 쥐가 많았고, 3개월을 지나니까 들고양이가 출현하더니 쥐가 없어졌고, 하늘이 보이

는 허술한 약수동 집에서 밤이면 惡한 자가 한주먹만 치면 부서질 듯
하여 밤에는 테이프로 聖經공부를 하고, 달동네라서 새벽이면 出勤하
는 길목이어서 그때 새벽녘에 잠자리에 들었지요.

압구정으로 가서 파출부 사무실에 등록을 하고, 신사동 윤영옥 요리
학원에 등록을 했지요. 어느 댁에서인데, 그 댁 아들이 드시는 초코파
이가 있었는데 제 자신을 향하여 "절대로 먹으면 안 돼!" 일을 끝내고
집에 갔더니 초코파이 두 개와 조그마한 병에 꿀이 조금 있었습니다.
작은아이는 집을 가르쳐주지 않았고, 큰아이만 집을 알고 있었는데,
엄마 냄새만 맡고 간 것입니다.

同族 중에 同志를 만나지 못함

성령 봉사회 사람들은 함께 公有하고 기도해야 하지 않겠는가? 하
고 에르나스밋 수녀님을 찾아뵈었지만, 수녀님은 제 머리에 손을 얹
고, "성모님, 이 자매를 불쌍히 여겨주세요! 후우~"

"자매님 어느 본당입니까?" 핍박이 도래했음을 직감하고 베드로 사
제님께 드린 편지를 複寫하여 김영한 신학자님께 드리고, 두 아이와
祈禱會를 하고 나서 "엄마는 좀 피해있어야 할지 모른다. 성경의 요셉
얘기를 해주며 하느님께서는 반드시 회복시키시리라." 큰아이는 소처
럼 눈물만 흘렸습니다. 매번 큰아이의 결정적 도움이 없었더라면 엄
마로서 어려운 일이었습니다.

큰아이를 주님께서는 제게 협조자로 붙여주셨습니다. 어느 날 큰아이가 꿈을 꾸었는데, "큰 손이 나타나서(길이었고), 사람을 반으로 갈랐는데, 속이 텅 비어 있는 인형이었다."고 너무 무서웠다면서 머리맡의 성모상을 치워 달라 했지요. 베드로 사제님의 사제복을 지켜드려야 했으므로 사제(司祭)님께로부터 한마디의 激勵도 들으려 해서는 아니 되는 제 처지였습니다.

약수동 집에서 구영모 마리아 친구가 쥐덫을 사다 주었었는데 어느 날 쥐덫에 잡힌 쥐의 달그락거리는 소리가 악인이 문 열려고 하는 줄 알고, 전화도 없으니, 그날 밤 무서웠던 소름끼치는 경험(經驗)이었습니다. 전화는 구멍가게 공중전화(公衆電話)밖에 없었으니까요.

길동 올림픽 가든 찬모 시중 밥모로 일할 때 비가 너무 많이 내려 버스도 끊겨서 집에 올 수 없었던 적이 있는데, 그때도 그 집은 무너지지 않았습니다.

장대 뱀은 훗날 十字架의 예수 그리스도 예표

요셉이 형제들에 의해 이집트 상인에게 팔려 와서 보디 발의 집 집사로, 감옥으로, 이집트의 국무총리의 위치에 있을 때에 요셉의 아버지, 야곱의 一家가 이집트 고센 땅을 하사받아서 목축업을 하고 살았지요.

코로나19가 장기화되고, 교회의 지도자께서는 메시지를 들으시는 듯하나 근원적인 표징이 없고, 전 세계적으로 많은 사람이 죽어나는데, 이제는 교회와 사회 국가가, 다 造物主 되시는 야훼 하느님께 정결하게 되시기를 志向하며, 가톨릭교회가 偶像的 요소를 우선적으로 타파하시길 촉구하였으나, 오히려 높이 쌓은 바벨 위의 가변한 聖母像 앞에서 주교의 기도 하시는 풍광을 보면서, 모든 이에게 치유의 기회가 주어져야 한다고 여기는바, 1980년대에 교구청으로 드린 편지의 요지를 기억해내서 재차 쓰고 있는 것입니다.

요셉의 一家로 시작한 야곱의 後孫이 큰 민족을 이루었고, 요셉의 행적을 알지 못한 이집트 왕은 히브리민족을 고된 노역으로 괴롭게 하였고, 하느님께서 모세를 불러 히브리 민족을 가나안 땅으로 이끌어 가게 하십니다.

그때 광야에서 틈만 나면 우상숭배, 불평불만 하는 사람들을 불 뱀을 통하여 뱀 독(毒)으로 죽었지요. 모세를 통하여 장대 구리 뱀을 만들어 높이 매달아 쳐다본 자는 살았고, 무시한 자는 죽었습니다.

지금은 장대 뱀 되신 예수 그리스도께서 부활 승천하셨으므로 예수 그리스도를 믿음으로 椄木(접붙임)되셔서 그리스도의 생명으로 사시면, 어마어마한 복(福)이 준비되어 있습니다. 마지막 심판 전에 가나안의 福, 에덴의 回復을 살아보고, 영원의 나라로 가야 하지 않겠습니까? 교회의 회복을 우선하였는데, 모든 이방 민족에게도 기회를 드리는 것입니다. 이를 일컬어 異邦에 큰 빛이 이르렀다 하시나요?

大事를 이루신 예수 그리스도
대 사

하느님이시면서 사람의 模像을 입고 오신 예수 그리스도, 그분을 유
모상
대민족도 알아보지 못하고 배척당하시고 십자가에 달려 죽임당하셨
지만, 聖父께서는 3일 만에 다시 살리셨습니다. 그리고 하늘에 올라가
성부
셔서 성부 오른편에 앉으셨고, 성부의 靈, 성자의 靈이신 성령을 보내
영   영
셔서 당신의 사람들을 돌보십니다. 그런데 '왜 교회가 그렇게 요란스
러운가? 불미스러운 일들은 왜인가?'고 의문스러우십니까? 그 답변을
드리지요.

인류의 첫 祖父母님께서 犯罪하여, 에덴에서 쫓겨났으며, 땅이 황폐
조부모   범죄
하고, 질병이 창궐하였으며, 반목하고, 미워하고, 살인하고, 도둑질하
고 사기를 당하고, 이러한 지옥 같은 세상살이는 空衆靈의 실체가 신
공중영
(神)으로 행세하며, 사람들 속에 들어와서, 사람을 부리는 경우입니다.
모든 이 속에 들어와 있다는 것은 아닙니다. 사람의 연약한 부위를 통
하여 교묘하게 접근하고, 침투하여, 끔찍한 짓을 犯합니다.
범
엉망진창이 된 인류의 세상을 救하시려, 하느님이시면서 나사렛의
구
처녀의 胎를 통하여 유대 땅 베들레헴에 오셨고, 당시 유대교 지도자
태
들은 알아보지 못하셨습니다. 왕은 王座를 불안해 하셨고, 유대교 지
왕좌
도자들은 예수를 33세에 십자가에 매달아 죽게 했습니다.

이때까지는 사람이 죄를 지으면, 짐승을 잡아 속죄 물로 바쳤는데,
예수님이 십자가에서 운명하실 때 지성소의 육중한 휘장이 두 폭으로
찢어졌습니다.

구약 때엔 하느님을 본 자는 살아남을 수 없다 하셨고 지성소에는 제사장만 들어가셨고, 제사장도 罪가 있으면 죽어서 나옵니다.

사흘 만에 성경 예언대로 살아나셨고, 제자들과 식사도 하셨으며, 제자들이 보는 앞에서 승천하셨습니다. 예수님으로 인하여, 지금은 누구나 하느님을 아바, 아버지로 만날 수 있습니다.

교회의 지도자를 향하여

예수님은 이미 大事를 행하셨는데, 승리하셨는데, 장대 뱀은 이제 부활 승리하신 예수 그리스도이셔야 하지 않겠습니까? 성모 품에 안긴 아직도 아기 예수는 박물관에 안치 되어야 하지 않습니까?

구교에선 가변한 성모, 성인, 성녀로, 신교에선 거짓 그리스도로 활약하는 사악하고 교활한 靈들을 경계해야 하지 않습니까?

악하고 교활한 공중영들의 활동하기 좋은 틈새, 공간, 영역을 제공할 수 있음을 유의해야 합니다. 성경공부할 때 신앙의 模本을 이루신 분들을 치하하고 상기하는 일은 마땅하고 옳은 일이지만 천국은 아비, 어미, 남편, 아내가 아닌, 형제요 자매이며, 천국 백성은 다 聖人입니다. 지상교회가.

성인 품에 올리고, 恭敬하고, 하느님은 큰 신, 그분들은 그 아래 神입니까? 그런 일은 하느님이 하실 일의 越權입니다. 야훼 하느님은 唯一神이시고, 찬송과 영광을 빼앗기실 야훼 신(神)이 아니십니다.

43

歷代敎會가, 한 번이라도 선지자의 말씀을 이뤄 드린 적이 있습니까? 先知者를 죽인 후손들은 무덤을 단장하고 섬김으로 야훼의 禍를 더욱 돋군다 하십니다. 그런 일 하시느라고 업무가 加重해 보입니다.

하느님이 보여 주신 계시 중에 그 많은 벌레들은 무엇을 의미합니까? 마땅한 일을 하셨다면, 왜, 왜, 數많은 벌레들이 교회를 갉아먹어서 금방이라도 무너질 상황이라 하십니까?

많은 벌레들이 나무로 지은 건물을 여기저기서 너무 깊숙이 갉아먹은 상태여서 금방이라도 무너질 수 있다는 불안감에 떨었는데, 또 하나의 연이은 場面은 제가 그 장소를 벗어날 수가 막막한 상황이었는데, 어떻게 그곳을 나와서 앞 언덕에 올라서서 그곳을 바라보고 있음을 기이하게 여기며, 안타까움으로 바라보고 있는 장면이었지요.

교회는 믿는 이들의 모임

敎會는 믿는 한 사람 한 사람의 몸이 성전이라면, 그들이 모인 무리가 아닙니까? 믿는 자들의 신앙이 성삼위 하느님 외에, 성모마리아, 성인, 성녀, 성 요셉, 그뿐만 아니지요, 초상이 나면 부르는 聖人 呼名이 몇 분이시지요?

우리 몸이 성전일진대 믿는 자의 모임이 교회일진대 그 교회가 수많은 벌레들이 너무 깊숙이 갉아먹어서 당장이라도 무너질 것 같았습니다.

부자와 나자로가 죽은 후에 부자가 음부의 고통 중에, 눈을 들어보니, 멀리 아브라함의 품에 안겨있는 나사로를 보았습니다. 부자는 "아브라함이시여, 나사로를 보내어 내 혀에 물 좀 적시어주소서, 불꽃 중에 고통을 받고 있습니다. 그리고 살아있는 형제에게 나사로를 보내어 그들만이라도 이 고통스러운 곳에 오지 않게 하여 주소서."의 답변이 뭐라 하셨습니까?

모세와 선지자의 몫이라고 하십니다. 지상교회에서 일으켜 使役_{사역} 하십니다. 음부와 천국은 큰 구렁이 있어서 오갈 수 없으며 하느님께서는 손으로 만든 神像_{신상}들을 너무 미워하십니다. 결코 성모, 요셉, 성인들을 지상교회에 보내시지 않습니다. 지상교회의 약점을 아시는 하느님은 그분들을 보내시지 않습니다. 그렇다면 신자들의 신앙에는 너무 많은 神_신들, 靈_영들이 있습니다. 교회가 많은 벌레들이 갉아먹고 있습니다. 야훼 신앙이, 예수 그리스도의 순결한 신앙이 존속될 수 있지 않습니다.

바티칸의 映像 보며
영 상

長上_{장상}께서는 재앙의 까닭을 알고자 꿇으셨습니까? 하느님의 뜻을 알고자 안타까우십니까? 2, 3, 4의 착한 일을 하시느라고, 1의 몫은 건너뛰셨습니까?

그런 경우 어떤 결과가 오는 것입니까? 제가 부르심을 받을 직전에 구역장 모임이었던가? 성모회 모임이었던가? 그 會에서 원장 수녀님께서 강의, 가르침 중에서 파티마 성모 메시지를 비오 교황님께 전해드리면서, 몇 년(年)도까지는 절대로 개봉하시지 마시라고 당부하셨고, 그런데 이제 때가 되어 개봉되어 밝혀지고 있다 하셨습니다. 후에 제가 召命을 行함으로 인하여 곤란 중에 있을 때, 고등학교 교사인 가톨릭 教徒가 쓰신 다니엘 註釋서가 나왔다고 가톨릭 시보에 나와서 구입하여 읽게 되었고, 알게 된 내용인즉 파티마 성모의 메시지 내용을, 비오 교황님이 혼자만 살짝 보시고 덮어두시려고 보셨는데, 파리하게 질리시며, "누구도 보면 안 된다."의 내용이 이제 개봉(開封)이 되었다 하셨고, 교황님이 많은 시신들을, 사제들의 시신을 타 넘어가셔야 하실 것임과 성모 신심 반대 하는 者가 나올 텐데, '그 자의 말을 듣지 말라'의 내용이며, 그 자가 바로 저였지요.

그때 사제님 몇 분이 평화TV를 통하여 '남은 자 7천이 있으시구나!'고 알았고, 얼마 안 가서 성모 신심은 발칵 더 커졌습니다. 그러면서 남은 자의 활동이 가려졌고요. 그분들이 어찌 되셨는지 의문입니다.

불교가 어떻게 예수 그리스도의 靈이 지배합니까? 현대 영성가 토마스 머튼을 설명하시는 사제님(수도사님), 불교와 일치하기 위하여 도모하십니까?

불교는 多神이고, 그리스도교는 유일신(唯一神)입니다. 空으로 비웠다면 예수 그리스도의 영(靈, 성령)으로 채우는 교회가 그리스도교가 아닙니까?

지금 야훼께서는 그리스도교 일치를 위하여 성경을 중심으로 비우

46

고 진리의 성령으로 채우라고 하십니다. 그리스도교 일치를 이루라 하십니다.

지상교회가 섬기는 성모는 가변한 사탄의 괴수
地上敎會　　　　聖母　假變

성모 마리아께서는 목숨을 내어놓으시고 예수님을 수락하시고 태(胎)를 드렸지만 예수께서 자신이 알아들을 수 없는 말(말씀)을 할(하실) 때, 꿀꺽 삼키시고, 간직하시고, 성령을 체험하신 후엔 예수님의 참 제자가 되십니다.

예수님을 수락하실 때도 자신의 목숨을 내어놓고 수락하셨고, 그 성모님은 그분의 인격상(신격상) 지금도 예수님의 기도를 이루기 위하여, 야훼의 뜻을 이루기 위하여, 참 성모님은 당신이 어떻게 하셔야 하는 지를 잘 알고 계십니다.

지상교회에 활동하는 靈(영)이 가변한 영들의 활동이라면(?) 하고 깊이 시험하셔야 합니다. 지금까지 의뢰하셨고, 지배를 받아왔던 것입니다. 참 성모 마리아께서는 결코 '마리아교'라는 묘한 오해를 주고 싶어 하시지 않습니다. 누구를 위하여 '像(상)'을 만들어 놓고 그 앞에서 기도하신단 말입니까?

그 使役(사역)은 사역자로서 하느님 나라를 위하여 예를 들자면, 교황님, 주교님, 사제님, 천국에서도 그러하시지 않음과 같습니다. 지상의 가족 제도에 아비와 어미이지, 그리스도인의 신앙은 유일신 삼위 하느님 외에는 다 도구요, 하느님 백성, 거룩한 성민(聖民), 聖人입니다.

성령 충만한 기도회와 共예배로 지상교회로 신앙하면서, 중요한 건, 하느님께 버림 받은 교활한 공중靈들의 활동무대를 제거해야 한다는 뜻입니다.

참 성모를, 성인을 미워해야 한다는 뜻이 아니지 않습니까? 교회가 먼저 만든 신상들을 제거해야 합니다. 그 외 조상신, 영웅신, 산신 등 靈들을 섬기는 자들이 심판받게 될 것임을 아시는 교회가 큰 실수를 犯한 것입니다. 하느님께서 淸掃하실 일은 너무도 自明한 일이옵니다.

신속한 대응 촉구

교황님과 주교님, 사제님, 지도자께서는 매우 엄중한 때를 맞으셨습니다. 신교도, 구교도 성령 충만한 기도회와 공예배에 집중하시고, 교활하고 교묘한 靈들, 神들의 활동 무대를 제공하지 말아야 합니다. 착한 일들을 많이 하시지만, 그것은 2, 3, 4의 일이지, 1의 일이 야훼의 관심이시란 점입니다. 가변의 영들은 야훼께서 한없이 묵인하시지 않으실 것임도 알고 있지요.

지금도 별로 다를 바 없는 실수

어려운 일 지시하심도 아닐진대, 무슨 말씀을 하시나? 하고 듣긴 듣는데 언제나 곁길이었습니다. 하느님과 싸워 이겨 보시겠다는 기상이십니다.

야훼의 멍에는 쉽고 가벼우며, 이미 내 주께서 다 해 놓으셨으니, 쉽고도 가벼운 일이오니, 야훼 닛시! 야훼께서 부끄러움을 씻어주시길 기도 하나이다!

요한복음 17장 예수님의 기도를 이루시자면, 성경을 중심으로 서로가 다가서며, 버릴 건 과감히 버리고, 취할 건 취하여서 공예배와 기도회 형식부터 바로 세워야 基礎가 섭니다. 그리하여 邪惡하고 狡猾한 원수가 야훼 하느님이 받으실 경배와 찬송과 영광을 가로채어 갈 수 없어야 합니다. 틈새를 먼저 안전하게 고쳐야 합니다.

신교에 거짓 그리스도가 많이 출현하는 까닭이, 성령의 능력으로 사역하는 과정에서 사역자(도구)가 존경과 영광이 자칫 잘못 축적됨으로서 아까운 사역자를 원수에게 빼앗김 당하고 있지 않습니까? 원수는 약점을 항상 노리기 때문입니다. 하늘에 닿을 듯한 큰 나무를 잘라서 거기서 나는 새순으로 경작 하셔야 함을 깊이 통찰 하십시오!

예수 그리스도의 신부가 聖靈의 기름이 아니라 하심

예수 그리스도의 신부가 있어야 할 집, 門을 열었을 때 가지밭에 가면 볼 수 있는 날파리가 새까맣게 앉아 있었고, 잠시 후의 장면은 제 손에 파리채가 쥐어져 있었고, 잠시 후, 날파리를 다 잡고, 한 마리가 남았는데, 파리채로 칠수록 커졌습니다.

송아지만큼 커졌는데 소녀는 들고 있는 파리채로는 안되겠다고 생각하며, 그러나 제게 덤비지는 않았습니다. 잠시 後의 장면은 아직 어둠살이 남아있는 새벽인 듯한데 머리를 길게 딿은 한 처자가 담을 넘어서 나가는 場面이었고(가짜) 잠시 후의 장면은 한 처녀가 제 앞에 다소곳이 서 있는 것입니다.

제가 "너는 누구냐? 이름이 뭐냐?" 물었더니, 이 집에 딸이라는 것입니다. "나는 너 같은 딸이 없는데, 이름이 뭐냐?"고 물었더니 "오홀리바"라고 하였고, 제가 헤아려 보고서는 "내 딸이 맞다!" -잠시 후의 장면은 제 배 위에 앉아서 젖을 빨고, 제 품을 사모했음의 저희는 안쓰러움으로 부둥켜안았고, 금주(마리아)와 聖謀(요셉)가 어깨동무를 하고 흐뭇하게 걸어갔습니다.

에제키엘(에스겔) 23장을 읽으며, 오홀리바는 예루살렘이요, 오홀라는 사마리아라고 되어있습니다. 두 자매는 한 여인의 딸이며 오홀라와 오홀리바는 主께 속하여 자녀를 낳았고, 오홀라는 사마리아, 오홀리바는 예루살렘이라고 하십니다.

주(主)께 속하여 있으면서 행음하였고 오홀라도, 오홀리바도, 극렬하게 행음하여 영(성령)의 기름이 아닌 날파리의 靈들로 가득하다고 하십니다.

야훼께서 忿怒하시는 과정이 나오고 있습니다. 주께 낳아준 자식까
지 우상에게 바치고, 당일에 성소를 더럽힌다고 하십니다. (이사야 65
장, 66장)

내 백성이 姦淫을 하고 있다고 하심

구청에서 꼭두각시 離婚을 당하고, 약수동에서 居住할 때 가톨릭
敎會法에 이혼이 성립 안 되었다고, 집으로 호출 들어갔었고, 성수동
에 살 때입니다.

남편의 바람이 왔었고, 상대자가 출근 때면 나가시고, 퇴근 때 나가
시고, 저녁 식사 후에 거실에서 가족이 함께 TV를 보시다가도 상대자
와 통화할 시간 定時에 房으로 가서 문을 닫고 전화하는 시간, 쉬는 날
은 일찍 나가서 저녁에 들어오시고, 남편은 저와 아이들이 다 볼 수 있
게 그렇게 연애(戀愛)를 하셨지요.

남편이 출근하시고 나면 저는 성경(聖經)을 들고 꿇어앉아서, "이 고
통의 까닭이 무엇입니까?" 사업에 실패하여 단돈 일만 원도, 월세방
보증금도 다 없어지고, 직장도 없는 사람에게 기독교인 하나 보고, 최
후 만찬 액자, 우리나라 지도, 세계지도, 달력의 메모, 꾀죄죄한 군용
침대 밑에서 함지박과 오렌지 주스를 꺼내어, 함지박 하나 가득 타고
있음을 보며 이 사람이 이렇게 살 사람은 아니다, 생각하고 결혼하리

라 마음을 정하고, 嚴하신 아버님께 편지와 사진을 동봉하여 부친께
서 상경하여 주시길 요청했던바, 아버님은 오시지 않으시고 혼인을
許諾하셨고, 언니 여섯을 맞선도 안 보이시던 어른이 저를 그렇게 믿
어 주셨는데, 최후 만찬 액자가 결혼 決定의 큰 비중이었는데, 이러한
狀況의 까닭을 물어도 주님은 沈默이셨습니다. 명동 가톨릭 회관에 볼
일이 있어서 갔는데 동굴 앞 聖母상 앞에서 누군가가 촛불을 켜놓고
祈禱를 하고 있음을 보면서 제 안에서 큰 忿怒가 일어났습니다.

主님께서 "내 마음이 바로 그러하다!" 하셨습니다. "내 백성이 姦淫
을 하고 있다!" 하셨습니다. 교구청에서 혼인 무효 판결문이 와서 또
나오게 되었고, 방배동에서 살았습니다.

외로움의 靈이 봇물처럼 덮침

저희는 극심한 인간적 외로움을 두 차례 경험했습니다. 한번은 약수
동에 살 때 작은 방에 잠시 한 여대생이 있었는데(일 하면서 학업), 어
느 날 저녁 식사 후에 남대문 시장에 옷 바꾸러 가는데 같이 가자고 해
서 갔고, 볼일을 다 보고 나서 정류장으로 가고 있는데, 갑자기 외로움
의 영이 봇물 터지듯 덮쳐왔고, 그런 경험은 처음이었으며, 겁이 났습
니다.

"아버지, 버리지 마소서!" "나사렛 예수 이름으로 命하노니, 사탄아,

물러가라!" 저희는 정상으로 돌아왔고, 신속히 예감한 바로는 주님이 안 계신 사람은 그럴 때에 술집을 가고 카바레를 가고, 타락을 하는구나! 싶었습니다. 두 번째로는 성수동에서 혼인무효 判決文이 오고, 또 다시 가족과 헤어져서 방배동에서 영동 세브란스 영양과 조리원으로 일하였고, 세브란스병원 조리원들은 당시 자가용을 탔으며, 지금은 지역 병원 조리원도 자가용을 타지만, 일이 끝나면 샤워를 하고, 멋쟁이 아줌마들이었습니다.

어느 날 샤워 후에 퇴근하려고 병원을 막 벗어나서 도곡동 지하철역을 向하여 나가고 있는데, 또 한 번 외로움의 영이 봇물처럼 덮쳐 왔습니다. 두 차례 버림받은 제 자신이 너무 아팠습니다. 도곡역으로 가면서 계속 "버리지 마소서! 아버지, 나를 버리지 마소서!"를 부르짖으며 방배동 집에 도착하니, 문 앞에 평목원 敎材와 테이프가 도착해 있었고, 옷도 갈아입을 새도 없이 테이프을 들으며 교재를 보며, 깔깔대고 웃으면서, 완전히 回復되어 있었습니다. (평목원은 어린아이 같은 저희를 자라서 걸어갈 수 있도록 벗이 되어 주심, 김상목 목사님께서 평신도 목회자 양성을 도모하심의 평신도 목회 연구원이지요. 저는 초급, 중급, 고급, 평신도 목회자과정까지 했습니다.)

그 이후로는 그러한 經驗이 없었으며, 저희는 主님이 계셔서 극복했지만, 주님이 안 계신 분들은 그럴 때에 실수하고, 타락할 수 있겠다고 생각했습니다. 지금까지 술집도 노래방도 가보지 못했습니다. 그리고 여행도 못 가봤습니다.

영적 간음을 분석

교황청에서의 가르침이 심히 착하시나, 오홀라와 오홀리바의 영적 간음이 무엇을 의미하는가 분석하셔야 합니다. 예수님이 가르쳐 주신 하느님 사랑, 이웃 사랑을 실천하시고자 하심의 가르침을 누구나 칭송하오나, 信徒_{신도}들이 새긴 偶像_{우상}을 갖다 놓고, 회합하고 기도하고, 찬양하고, 신비를 체험하고 (하느님이 아닌 靈·神_{영 신}들이라는 것이지요. 무슨 축일, 아무개 축일 등등 찬양하고 성전에서 그러한 信心_{신심} 行爲_{행위}가 간음이라는 것입니다.)

담으로 넘어간 처자는 가변의 靈_영, 도적입니다. 야훼께서는 오홀리바와 오홀라에 대해서도 말씀하십니다. 야훼께서 방임하지 않으시겠다는 것이지요. 성모가 아니고, 성인 성녀가 아니고, 날파리라 하십니다. 공중영들의 활동이라 하십니다.

그리스도교 일치를 도모하라 하심

에제키엘(에스겔) 37장의 유다와 그 짝 이스라엘의 자손과, 에브라임의 막대, 요셉의 짝 이스라엘의 자손들, 이 두 막대를 하나로 연하라 하십니다.

그리스도교 일치를 위해 1월에 한 주간 동안의 기도를 공교회가 바치고 있을 때인데, 옥수동 천주교회에서 아침 예배(미사) 후에 꿇어서 일치를 위한 기도 중에, "너희는 그 기도만으로는 하나 될 수 없다!" 하셔서 깜짝 놀라, 하던 기도를 멈추고 생각해보니, 主께서는 볼 수 있는 영안도 열어주셨습니다. "너희는 맘에 없는, 입으로만 바치는 그 기도만으로는 百年이 가도, 千年이 가도, 하나 될 수 없다!" 하심도 금방 이해가 되었습니다. 舊敎는 "우리가 큰 집이고, 너희가 작은 집, 열교이므로 너희가 와야 해!"의 마음은 그대로, 新敎는 "너희는 우상숭배를 하고 있어, 성경에서 벗어났어, 너희가 잘못 되었어"의 마음은 그대로인데, 입으로만 바치는 기도일 수밖에 없다는 것을 이해할 수 있었습니다. 길을 걸어도 혼자 걸을 때에는 눈물을 줄줄 흘리며 걸었습니다. 그때를 연상하며, 아직도 듣고 행해 드릴 마음이 없으신가요? 를 묻고 싶습니다. 여기에는 국토 통일의 약속까지도 있습니다. 뭣도 못 하고, 하시는 것과는 다르다는 것입니다.

歷代로 교회가 그러한 뜻을 소홀히 여겨 점점 더 굳어졌다는 것입니다. 칭찬받으실 일도 많으실 것도 압니다. 어떻게 說明해야 하나요? 몰라서가 아니라 할 마음이 없는 것이겠지요.

헌금의 개념

헌금의 개념을 다시금 정립하고, 정의하여서, 놀이동산에서 어린이가 돈을 내는 만큼 말을 타고, 기타 놀이기구를 이용하는 式의 예배를 경계하고, 화대를 내고 간음함의 의식의 예배를 경계하고, '이미 이뤄

놓으신 엄청난 구원의 은혜에 감사함으로써 많이 바치는 자도, 적게 바치는 자도, (예수 그리스도의 십자가상 祭物과 구원의 은혜가 크고, 크심으로) 미약하나마 드립니다'의 헌금이며 봉헌이지요. 죄인이었던 내가 그리스도께 椄木되어, 하느님께 나아갈 수 있게 된 감사, 감격으로의 봉헌 시간인 것입니다. 하느님의 아들(딸)된 감사·감격으로의 봉헌 시간입니다. 그래서 봉헌 시간은 자리에서 봉헌금만 넣는 것보다 나아가서 드림도 더 의미가 있을 것입니다. 헌금의 개념이 이에 준하여, 평일 예배에 그리스도 봉헌으로 만할 수도 있습니다.

헌금 부담금 때문에 예배를 못 드리는 가난한 자들의 무거운 짐을 벗겨주신 新約의 祭祀요, 禮拜인 것입니다. 이러한 부분들의 槪念이 올바르게 설 때, 교회는 더욱 안전한 교회가 될 것입니다. 교활한 사탄에게 틈새를 막을 수 있을 것입니다.

야훼 하느님께서 많은 일을 해오셨음

저희는 TV를 통하여 볼 수 있었던 바는 하느님께서 많은 일을 해 오셨음을 볼 수 있었습니다. 탈북자들로 북한 선교의 주역으로 세워지기 위하여 이미 일해오심을 보며 감격했습니다. 그 외에도 適材適所에서 꼭 필요한 使役자들과 다양하게 일해오신 主님을 경배합니다.

지도자 장상께서 하느님의 주요 관심사는 배제함으로써 야훼의 화를 돋우시지만 착한 사역들이 명분이 되어 야훼의 忿怒가 減하여 지시

56

옮길 기도합니다.

성모 마리아는 唯一神이신 성삼위 하느님께서 절대로 경계하신 방향으로 교회를 이끌어 가실 분이 아니십니다.

참 성모 마리아는 절대로 그러하실 분이 아니십니다. 구약에서 하느님은 선지자를 보내셨는데, 거부하고, 인정하지 아니하고, 죽였는데, 그 후손은 무덤을 단장하고 치성함으로, 오히려 야훼의 禍를 더 돋군다고 하시지 않습니까?

하느님 이외에 靈들의, 神들의 활동 무대의 틈새를 만들기 때문이 아닙니까?

출 애굽 당시 이스라엘이 광야에서 불 뱀에 물려서 毒으로 죽어갈 때 모세를 통하여 구리 뱀을 만들어 장대에 매달아 뱀 독으로 죽어가는 그들을 살렸지만, 記念像을 후일에 후손들이 致誠함으로서 가루로 만들어 버리지 않았습니까?

사람들은 그러한 신심들이 있음으로, 교묘한 방법으로 靈들이 그야말로 출현하고 있으므로 성모의 使役 영역은 像은 없이 기억하고 모본으로 기려야 할 뿐입니다.

마지막 심판 때, 마리아 教化를 거부하고 성삼위 하느님만 경배하고, 찬송과 영광을 돌려드리는 사람은 거리낌이 없어도 되겠지만, 우상숭배자와 靈들의 숭배자와 靈들을 영원한 불 못으로 던지실 때를 留念해 보셔야 합니다.

코로나19는 전 세계를 덮고

教會도 우둔하고, 사회의 罪性(동성애, 우상숭배, 음란함 등)도 우둔
하여 마음이 답답하고 암울하며, 남은 자만 구원을 얻으리라 하신 말
씀이, '그래서 칠천 명, 십사만 사천 명의 말씀이 無意味함이 아닌가'
도 생각해 봅니다. 그러나 이루 셀 수 없는 무리로 확장될 것임도 말씀
하셨으니, 경배의 대상이 되는 像들은 박물관으로 옮기시고, 성령 충
만함으로 깨어 기도하셔야 합니다. 오늘도 "언약의 백성이 전갈을 집
고, 사자와 뱀을 밟으며, 惡한 자 악한 靈을 분변하고, 제어할 권세로
품어주소서! 가나안 원주민을 남김없이 정복할 지력과 權勢로 품어주
시고, 허물고 세울 권세로 품어주소서! 가나안 소출을 풍성히 주옵소
서!"의 기도를 바칩니다.

예수님이 십자가상에서 '아버지, 어찌 하여 나를 버리시나이까?' 제
자들도 다 떠나가고, 교회 지도자들도 認定은 커녕 십자가에 죽이라
함을 바라보면서, 아무것도 없음을 보면서, 처절함으로 드리신 기도
이시겠지요! 가여우신 십자가 상 예수님을 보면서, 성공회, 가톨릭교
회 오늘 예배 실황을 보며, 눈물을 줄줄 흘렸습니다.

예수님이 오늘 날 오시더라도 그러하겠지만… 자기 백성에게 왔음
에도, 배척 받으신 예수님, 예수님의 심정을 헤아려 보았습니다.

예수님, 얼마나 아프셨습니까? 그보다 더 중요한건 그렇게 이뤄놓
으신 놀라우신 화해와 회복의 결실을 당신의 백성들이 소유해야 하지

않겠습니까?

주님께서 이뤄놓으신 새 에덴, 가나안

원수가 교회의 無知로 인하여 오랜 세월 속이고 야훼의 찬송과 영광
을 가로채어갔습니다. 패배한 사탄에게 많은 영역을 제공하셨습니다.
아니, 빼앗겼습니다. 이제 그리스도인은 영적 눈을 치료받고, 정결례
를 하시고 보면, 많은 것이 새롭게 보이시리라 기대합니다. 사실은 선
지자를 죽이고 예수님을 죽인 결과로 영적 맹인으로 살아왔다는 얘기
입니다.

한 장면이 기억납니다. 제 아들이 보통 아들이 아니라는 것입니다.
대단한 아들이라고, 여인들이, 사람들이 서로서로 얘기함을 보았는
데, 저는 아무 상관이 없는 자처럼 보였습니다.

천국 가신 성모가 내려오시는 거 아니고 설령 필요할 경우 지상에서
일으켜 쓰십니다. 에제키엘(에스겔) 서에서, 음행을 말씀하시다가, 우
상 숭배를 말씀하시고, 알아듣도록 설명하시느라고, 비유적으로 말씀
하심으로써, **예배와 찬송과 영광은 성삼위 하느님만 합당하다는 점입
니다.**

개신교회가 유의하실 예배에 관하여 한 말씀 드리지요. 예수님은 지

상교회에 계실 때에는 아직 使役을 완성하시기 전이었음으로, 다 이루
신 후에 지상교회의 예배는 예수 그리스도께서 이뤄주신 엄청난 은혜
로 인하여 예수 그리스도를 앞세워 모시고 성부께 예를 드리는 禮拜인
것입니다. 말씀의 예전, 성찬의 예전이 있어야 갖추어진 공예배인 것
입니다.

실낙원에서의 회복, 질서의 회복, 하느님과 사람의 회복, 사람과 사
람의 회복, 자연과의 회복을 예수님께서 다 이뤄 놓으셨는데, **교회가**
불순종으로, 선지자와 예수님까지 죽였음으로 하느님께서 교회의 울
타리와 망대를 허무시고 이뤄놓으신 엄청난 은혜를 볼 수 없도록 **눈**
을 가려 놓으셨던 것입니다.

야훼께서는 당신의 이름 때문에, 열조와 맺은 언약 때문에 "종국에
는 내 백성을 회복하리라."이시지, 제 사역은 영적 眼科 役活입니다.
저희는 이미 시온의 샘물을 마셨으며, 산에서 산 아래로 내려오니
그제서야 많은 사람들이 시온 산으로 향함을 보았습니다. 제가 세상
과 짝해 보였습니까? 죄송합니다. 제 사역이 그만큼 외로운 사역(베드
로 사제님께도 격려 한 말씀도 들으려 해서는 아니 되었고, 어린 자녀
와 헤어져야 했으므로, 1차적으로는 그 아이들에게, 사람들에게 폐 끼
치지 말자, 사회에서 아이 같은 제가 나 하나 서는 것부터, 다음으로
아이들을, 그다음으로 이웃을 그렇게 바라보자. 그것이 애국이라고
생각하고, 하느님 일한다고 믿지 아니하는 가족친지에게 비난받는,
원망을, 그래서 안 믿는다는 사람을 몇 분을 만났고, 저는 승방에서

왔다며 집집의 문을 두드리며 시주받는 모습, 좌판을 펴고 목탁을 두드리는 모습, 지하철에서 쭈그리고 앉아서 구걸하는 모습이 유난히 보기 싫었습니다.)입니다.

사회적 연령이 어린아이 같아서 두 아이들까지 엄마가 살 수 없으리라고 보았던 저였습니다. 그렇게 가정에서 단돈 일만 원도 자유롭게 혼자 써 보지 못하는 어린아이 같은 제게 주님은 부르시고 보내신 것입니다. 제 모습이 될 수 있다 싶어서 그렇게 보기 싫었나 싶습니다.

가변의 영이 감사와 찬송과 영광을 가로채어감
假變　靈

제가 가족과 함께 옥수동에서 거주할 때입니다. 제가 구역장이었고, 저희 구역에 유복자 아들 한 명을 두신 할머니, 그 유복자 아들이 결혼을 하여, 며느리가 수태를 하였습니다. 그런데 며느리의 태가 연약하여 움직이면 유산할 기미 때문에 누워있었고, 저희는 그 가정에 가서 기도를 주기적으로 해 드리고 할머님을 모시고 성령 기도회도 모시고 가곤 해서 할머님이 성령도 체험하셨고, 심령기도(방언)도 하시고, 한번은 며느리한테서 전화가 걸려왔었지요.
老母
노모께서 넘어지셨는데, 경희대 교수님이 친척이셔서 治療 받고 있는데 도무지 차도가 없다시며 "기도 좀 해주세요" 하셨습니다. 제가 감기 기운이 좀 있어서 주저하다가 방문하여 기도를 해 드렸습니다.

일주일 후에 방문하였더니, 할머니께서 손수 딸기(근 40년 전 일이니 딸기 철이 아닌 온실 딸기)를 씻어서 제게 대접하셨습니다. 할머님이 나으신 거예요. 그리고 며느리는 건강한 사내아이를 낳으셔서 그 댁은 저를 많이 사랑하셨지요.

며느리의 대모가 레지오 단원 단장이셨는데 함께 묵주 구일기도를 드렸고, 구일 기도 마지막 날 여인의 **치맛자락이 스쳐 지나갔다는 것입니다.** 이런 경우 하느님께 향하던 감사와 찬양과 영광을 가짜 성모가 가로채어 갑니다.

에제키엘(에스겔)서의 야훼의 忿怒도, 이렇게 信心이 복잡하고 多神적이고, 신자의 몸이 성전일진대 성전이 더럽혀졌다 하십니다. 참 성모가 아닌 **가변의 영이** 그런 식으로 찬송과 영광을, 감사를 가로채어 갑니다.

교회는 너무 깊숙이 뿌리 내렸으므로 쉬이 가짜 성모 장례식을 치를 수 없었지요. 예수 그리스도의 승리하신 모습의 상(像)도 아닌, 예수님보다 성모가 더 어필되고, 박물관에는 괜찮을 수 있겠으나, 치성이 아닌 기억의 사건으로 말입니다.

예수님이, 하느님의 영역이 영광이 많이 빼앗기셨습니다! 모든 使役은 지상교회를 위하여 도구일 뿐입니다.

하느님의 어머님이라는 칭호는 예수님 공생애 이전에 하느님이시면서 사람으로 오신 분의 胎를 드리신 분이란 名分의 칭호이지, 성삼위 하느님께는 어머님의 칭호가 마땅치 않습니다.

성령 세미나나, 기도회를 통하여 성령 충만을 이뤄서, 지상 성전도

하느님의 神(성령)이 충만한 가운데, 기도회도, 공예배도 드린다면, 천
상에서도, 지상성전(그리스도인 각 인이 모인 교회)도 하느님의 神이
충만하실 것입니다.

아비는 하느님 아버지 한 분이시라

신부(神父)님의 칭호를 저희는 사제님으로 부릅니다. 그리스도교 일
치의 기도 주간에 너희는 입으로만 하나 되게 해 달라고 기도한다 하
셔서, 베소라 성서 강좌(김정원 도마사제님 강좌)에 나오시는 개신교
회 전도사님 한 분이, 지하철역에서 테이프 하나를 주시면서 들어보
고 말씀해 달라 하셨지요.

집에서 들었는데, 그날 이후로는 신부님을 사제님으로만 칭호를 바
꿨습니다. 敎會一致를 위하여서라면, 聖經的이라면 받아들일 수밖에
없었습니다.

야고보서에서 여러분은 저마다 先生이 되려고 하지 마십시오. 가르
치는 사람은 잘못 가르쳤을 때 더 嚴한 심판을 받을 것임과, 아버지는
하느님 아버지 한 분뿐이시라는 말씀을 성경에서 확인했었는데 오늘
은 못 찾았습니다만, 그날 神父님을 글자로 풀 때 옳지 않다고 보았고,
信父라든지, 그리스도의 新婦, 神赴 그리스도교 일치를 위하여서 신부
님의 칭호도 고려해 보셔야겠다는 의견입니다. 개신교 선교사의 강의
에 이 부분을 지적하시는 테이프였습니다.

하느님만 하실 일

믿음의 模本을 이루신 분들을 찾아내어 성인 품에 올리고 성지로 공교하게 다듬어 놓으시고 공경토록 해놓으셨음을 畵面으로 접하면서, 하느님께서는 그분들을 치성, 공경함을 기뻐 아니하심의 일입니다. 순수하게 敎會史的으로라고 하시겠습니까?

신자들로 신심(信心)을 지향케 되면, 심판이 따를 것입니다. 빗나갈 수 있기 때문입니다.

교황님, 장상께서 처참한 心境을 어이 못 느끼겠습니까!

제대에서 울 수 있길 청하시기 전에 신자들 집집마다에 안치된 偶像들을 먼저 산산이 깨트리소서! 우상들을 던져버리소서! 要所요소에 안치된 우상을 제하소서! 그 일이 제일 우선의 일이옵니다.

누구라도 예수 그리스도께 접목(접붙임)되시고, 그리스도의 영(성령)으로 充滿하시면 큰 복이 준비되어 있습니다.

일본을 상고하다

방송대학교 시절, '일본 전통사회의 이해'라는 교재로 한 학기 공부한 바 있는데, 일본은 多神이며, 불교가 盛한 나라이지요. 현재, 일본의 불교는 그리스도교적인 敎理를 적용하고 있습니다.

學者들이 중국에서 서적을 구입하여, 서양 서적과 중국 書籍을 많이
읽었는데, 중국에서 그리스도교 선교사가 그리스도교 教理書를 함께
넣어 보냄으로써 읽게 된 불교학자가 불교 교리로 적용시킨 사례입니
다. 그래서 일본 불교에서는 그리스도교의 再臨처럼, 아미타가 다시
중생을 구하러 온다고, 阿彌陀如來를 추종하고 있는 교리입니다. 그러
니까 그리스도인이 볼 적에는 根據가 없는 것이지요. 그리고 일본은
석가모니 외에 王家, 귀족의 가문, 영험한 巫家까지의 祖上神을 숭배
함으로써 多神이지요.

근로복지공단 안산병원에 있을 때 畵面에서 일본국 '쓰나미' 현장을
보면서 심히 놀랐습니다! 방송대학교에서 과제물로 "일본의 다신이
질투의 靈이 發하면, 일본은 큰 災殃을 면키 어렵다."의 내용을 다루었
기 때문입니다.
하느님이 아닌, 多神은 공중 하늘에 있는 하느님께 쫓겨난 天神과
졸개들, 그리고 귀신들이 사람들의 宗敎心을 이용하여 하느님 行勢를
하고 있는데, 그 神들은 질투의 靈이 充滿하기 때문입니다.

회개 (아버지 집으로)

코로나19 재앙을 허락하신 내 主 아버지시여, 인자와 긍휼로 회개
의 '영'을, 내 아버지 집으로 돌이키는 순전함으로 낳아주옵소서!

주 야훼께서는 하루 사이에도 새 예루살렘, 사내아이를 낳아주실 수 있삽나이다! 내 主여! 가라지를 날려 보내시고, 가두시고, 순전한 靈으로 낳아 일으켜주옵소서!

우리 모두 한 兄弟로 오순도순 아버지 집에 살게 하여 주옵소서!
코로나 재앙으로 더러운, 사악한 '영'을 가둬주시고, 내 아버지의 인자한 품에 안아주옵소서!
내 아버지의 아들들(딸들)을 찾아 안아주옵소서!

地上敎會가 하늘 아버지의 統治위에 군림하였었나이다. 사탄의 괴궤와 함께 바벨탑 쌓기에만 戰戰兢兢한 어리석음에서 救하여 주옵소서!
예수 그리스도께서 고난받으심과 죽으심과 부활하심으로, 사탄의 권세, 권한은 이미 폐하였으며, 참 그리스도인의 새 생명은 오래 전에 마련되어있지 않아옵니까?

내 '주' 아버지시여! 잃은 아들들(딸들), 오홀라와 오홀리바의 간음의 덫에서 救하여주옵소서! 찾아주옵소서! 아버지 품에 안아주옵소서! 오홀라도, 오홀리바도 정결하게 하여주옵소서!

십자가 고난으로 世上 罪를 지고 가신 예수 그리스도의 죽음과 부활하셨음으로, 총명과 지혜로움으로 찾아주옵소서!

형제(자매)들이시여, 이미 예수 그리스도께서 다 이뤄놓으신 가나안, 새 에덴을, 원수가 속이고 난장판을 부려 놓았습니다. 갈기갈기 찢어 놓았습니다. 주 예수 그리스도의 이름으로 정결하게 '예배하는 법도'를, '살아가는 법도를' 내 주의 '영'으로 알게 하옵소서!

우리 모두 아버지 집에서 예배와 찬미의 기도회, 만찬으로 아름답고 거룩하게 아버지 집을 가득 채우러 가야 하리다! 아멘!

아버지의 마음을 헤아려 볼 여유 (기회)

방금 전, 선교사님의 강의 중에서, 사역지에서 넷째 아이가 태어남으로써 셋째가 자신의 자리를 잃은 것에 대하여 매우 불안한 심리 상태를 설명하셨고, 셋째 아이에 대한 아빠의 사랑이 한결같으며, 영원할 것임을 이해시키기에, 그리고 그 아이가 인정하기까지의 거친 과정을 말씀하셨습니다. 셋째 하연이가 불안을 떨쳐 버리고 사랑의 관계를 찾은 것이지요. 그리고 며칠 전 유대인의 歸還과 복음으로의 歸依, 회복의 사역을 하시게 되기까지의 使役자님의 과정을 듣게 되었습니다.

예수님을 거절하고, 십자가에 고난을 받게 한 유대인을 向한 애정이 자신에게는 하나도 없음을 보게 되었노라고 하셨습니다.

사모이신 큰 누님이 매우 건강한 분이셨는데, 오늘내일 하신다고 하여 달려갔을 때, 누님은 중환자실에서 산소 줄, 소변 줄, 산소마스크 등 死境에 이르렀고, 목회자이신 부친께서는 "내 딸을 한 번만 살려주십시오!" 울부짖으셨고, 중보기도의 요청과 기도를 하셨으며, 누님은 살아나셨다는 것입니다. 그제야 하느님의 마음, 音聲을 듣게 되셨고, 유대인을 사랑하게 되셨다는 과정을 말씀하셨습니다.

"유대인은 하느님 아버지의 장자, 맏아들이라!"는 하느님의 음성이 들렸노라고, 하느님의 설명을 이해할 수 있으셨답니다.

유대인의 불순종, 거절로 인하여 예수그리스도께서는 이방인의 땅 사마리아를 가셨고, 그리하여 이방인이었던 우리가 그리스도인이 되었습니다.

人間의 罪性으로 끊임없이 불순종해 온 歷史와 教會史, 선대로부터 하느님의 뜻과는 상관없이 찢어지고, 갈라졌습니다.

이제는 정신을 차려야 할 때입니다. 하느님께서 우리를 위하여 주시지 않은 것이 있습니까? 누구의 罪가 더 무겁고, 누구의 罪가 더 가벼운지요?

至今은 기다리시는 아버지의 마음을 헤아려야 할 때입니다. 생명과 치유와 회복의 은혜를 마련하심의 아버지의 마음을 헤아려 보시면 주저할 것이 무엇인가요?

예수 그리스도를 머리로, 아들(딸)이 아무리 많아도 하나의 큰 나무를 이뤄야 합니다. 아버지의 생명, 예수 그리스로 접목해주신 생명의 신비를 찾아야 합니다!

서로의 만남을 위하여, 꺾여진 가지가 다시 접붙임 되기 위하여 最大한 불순물을, 아버지께 속하지 않은 것들을 집어 던져버리고 아버지께서 다시 붙여주시겠다고 하십니다.

국토통일도 주시고, 아버지의 나라를 하늘에서와 같이 땅에서도 이루어지이다의 기도를 드리십시다! 아멘!

제2부

부록

김유민 목사님께 출판에 관한 뜻을 상담 드렸더니 목사님께서 '량'
이 적으니 더 쓰라 하셨지요.

코로나19 사태 즈음하여 召命 의식으로 기억을 되살려 당시 교구
소명
사목국으로 보내드린 要指만 되살려 본바, 제 소견으로는 누구나 부담
요지
없이 잠시면 읽을 수 있도록 그대로 두고, 여러 해 전의 참고 기록을 2
부로 올려서, 앞의 요지는 누구나 신속히 볼 수 있으며, 부록은 여유로
울 때 참고로 보시길 희망합니다.

회복 (2008. 5. 기록)
回復

1. 6·25 동란 전후의 때

일제 치하에서 해방이 되던 해에 나는 어머님 태중에 형성되었고, 만 4살이 되던 해에 6·25 동란, 한국전쟁으로, 괴뢰군이 아버님과 오라버님이 하시던 정미소와 주변 논밭의 농작물을 마구 짓밟는 장면을 보았다.

父親으로 인하여 동네에는 노름판(도박)이 없어지고, 아버님 앞에
부친
사람들이 무릎을 꿇어앉고, 아이들이 뛰어가다가도 조용히 지나감을 봤는데, 그 아버님이 아무 말씀도 못 하시고 바라만 보셨다.

9男妹 중에 말째인 나의 성장기는 지독히 가난했다. 새벽이면 무밥
남매
을 하려고 집마다 무채를 썰고, 점심은 밥과 김치를 넣고 끓인 죽을 먹었다. 그래도 난 그게 가난인 줄을 몰랐다. 그 어려운 시대를 부모님과 가족들이 지혜를 짜서 사신 탓일 게다.

일곱째 딸인 내가 덕촌초등학교 12회, 넷째 언니가 1회 졸업생, 다섯째, 여섯째 언니는 졸업하셨지만, 그 위 언니들은 졸업장이 없고, 夜學을 하셨다. 둘째 언니는 처녀 공출 안 보내려고 하룻밤 사이 갑자
야학
기 시집을 보낸 사례이다.

2. 향학열을 간직

36년간의 제국(帝國) 치하(治下)와 6·25 동란으로 가난의 시대를 겪느라고 청리중학교 1년을 마치고(큰오빠 집), 부모님 슬하 성선고등공민학교로 전학을 했고, 김천 성경고등학교 2년이 나의 학벌의 전부였다.

서울법대 최종고 교수는 청중(靑中)의 동문이다. 아직도 자가용을 안 타고, 2차, 3차를 안 가는 사람으로 동문들이 인정하고 있다. 대학동문도 있으련만 아주 소탈한 사람이다.

1973년 큰아이를 출산하고, 1977년 작은아이를 출산(금년에 사망) 후, 나는 포기하지 못한 향학 열의로 무슨 공부든지 계속했지만 기초가 부족함을 절감했고, 정규 중고등학교, 대학교의 꿈은 아련하기만 했다. 그런데 지금 난, 국어국문학과 졸업논문을 준비하고 있다. 그동안 방송통신대학교 학생으로 공부하고 있음을 무한히 감사드린다. 방송통신대학교가 없었다면…….

내 나이 육십 대(代)이니, 새로이 새기고 외는 일은 거듭, 거듭, 거듭 해야 한다. 그러나 포기하지 않았으니 졸업을 향하여 논문을 쓰고 있다.

3. 혼인(婚姻) 무효판결

1980년대(年代) 후반(後), 그때 나는 가톨릭교도(敎徒)로서 그리스도교 일치를 두고

기도하고 있었다. 그리스도교 在一致에 관한 召命으로 인하여 1990년
도 말에 이혼을 당하고(말이 협의 이혼이지 꼭두각시 離婚을 하였다.)
성모, 성인, 성녀 신심 저촉으로 교회 관구 법원에서도 이혼이 성립되
었다.

9남매 중 막내로 자란 데다가 결혼 후에도 은행은 심부름을 시킬 정
도였고 '돈'을 몰랐다.

이혼 後에 큰아이는 나와 교통을 했다. 엄마도 없는 빈방을 엄마 냄
새만 맡고, 가곤 했다. 아이들이 엄마의 유약함을 많이 걱정할 정도로
그야말로 사회적 연령은 幼兒와 다름이 없는 상황이었다.

4. 사회적 나이가 유약했음

엄마가 살아만 있어도 男妹에게는 힘이 되겠으니 살아있어 달라는
딸아이의 간곡한 전화를 받고(아마 엄마의 처지가 살 수 없을 것 같았
나 보다.) '그건 내가 할 수 있는 일이 아닌가!'라고 결단을 했다.

'첫 단계로는 내가 서자. 그다음 단계로 아이들을 생각하자. 그다음
단계로 이웃을 생각하자'라고 몸과 마음이 거의 失身狀態에서 추스르
고 일어났다. 작은 아이는 그렇게 하지 못하여서 잃었다는 자책도…

나의 피신 시절에 압구정동 '강혜전' 집사님께서 두 아들이 쓰던 房
을 내게 내어주고, 아이들은 안방을 쓰고, 집사님 夫婦는 거실에 주무

시면서 家族으로 살자고 하시던 아름다운 가족, 미국 이민을 준비하셨는데, 수소문을 해봐야겠다.

베다교회 '김숙희' 자매님이 5,000원을 주시면서 태백 예수원을 안내하셨는데, 눈보라 속에서 8시간의 빙판길을 거북이 運行버스에서 아이들 생각으로 흐느껴 울었던 일도 생각난다. 그곳 예수원은 大學을 졸업하고 진로를 결정하기 전 家族이 되어, 청교도처럼 공동 노동을 하면서, 나라와 민족을 위하여 중보기도를 하고, '뜻'이 定해지면 下山을 하는 청년들을 보았다. 폐광하는 광산村 사람들을 위하여서도 기도를 드렸던 일도 기억해 본다.

5. '짐'이 되지 않으려고

지하철 역사에 쭈그리고 앉아있는 사람들이 나는 너무 보기 싫었으며, 목탁을 두드리고 있는 僧侶도 보기 싫었다.

나 하나 서는 일도 애국의 첫걸음이라고 생각하며 땀범벅으로 극복했다.

약수동 집은 전세 5백만 원이었는데, 강아지만 한 쥐가 한동안 나를 위협했으며 곰팡이가 감당이 안 되었다.

허술하기가 이루 말할 수 없는 집이었다. 안에서(다락) 하늘을 틈새로 볼 수 있었던 집, 惡한 자가 치면 한주먹에 부서질 듯한 집, 暴雨에 가장 먼저 망가질 듯한 집이었는데, 길동 올림픽 가든 '밥모'로 첫 취

직을 하던 해에 폭풍우와 물난리로 대중교통이 끊겨서 歸家(귀가)도 못 하던 그 해에도, 그 집은 무너지지 않았으며 3개월을 살고 나니 들고양이가 出現(출현)하더니 쥐가 없어지고, 길가 허술한 달동네인데 누가 門(문)을 두드리면 윗집, 옆집에서 내다보고 지켜주셨다.

6. 열악한 환경에 적응

영동 세브란스로 옮긴 후에는 무서워서 夜勤(야근)을 신청하여 아침에 귀가를 해서 자고, 테이프로 공부를 했다.

연탄보일러가 고장이 나고, 수도관마저 끊겼을 때(개발지구여서 임시수도관이었는데 수도局(국)에서 끊은 것임) 눈보라 속에서 버스를 기다리는데, 소아마비를 앓은 아가씨가 모퉁이를 돌고 버스에 오르는 걸 보고, 그 아가씨의 해맑은 미소를 보고는 나는 정신이 들었다.

어느 날은 영동 세브란스에서 勤務(근무)를 마치고, 목욕 후(세브란스는 근무 후에 목욕실이 제공되었음), 病院(병원) 문을 막 나서려는데, 버림받은 외로움의 회오리가 사정없이 덮쳐 왔다(주체할 수 없는 폭풍우와 같았다).

관구 법원에서의 婚姻(혼인) 無效(무효) 판결로, 두 번째 버림의 아픔이 가슴이 쓰라려 왔다. 매봉역 까지 걸으며 "주(主)여, 나를 버리지 마소서!"의 기도를 聯(연)이으며(좌절 상태에 버려두지 마시기를 기도한 것임), 방배동 집에 도착하니 문 앞에 평목원 講座(강좌) 교재와 테이프가 도착, 옷 갈아

입을 사이도 없이 테이프를 들으며 깔깔대며 웃기도 하고, 완전히 소성되어 있었다.

7. 외로움의 영과 싸움

사람이 極한 상황에서 타락하고, 술 마시고, 그러한 장면들이, 바로 그런 경우에 가능할 수 있겠다는 걸 헤아릴 수 있었다. 그래서 더더욱 나는 끊임없이 '나를 버리지 마소서!'의 기도를 연이었던 것이다.

그 以前에도 한 차례 그러한 경험을 했는데, 방송대학생인 옆방 치녀가(얼마 전 영등포 에스컬레이터 入口에서, 그 처녀가 모델로 찍힌 사진을 보고 반갑고도 놀랐다.) 남대문 市場 옷 바꾸러 가는데 같이 가달라고 해서 따라갔다가 돌아오는 길이었는데, 바로 그러한 經驗을 한 것이다. 외로움이 봇물 터지듯, 밀물처럼 덮치는데, 나는 祈禱할 수 있으니 그리되지 않지만, 기도할 수 없는 사람들의 限界와 불행의 시작을 헤아릴 수 있었다.

"예수 이름으로 명령한다, 사탄아, 물러가라!"로 克復했다. 두 번의 회오리가 지나간 후로는 그러한 경우는 더 없었다. 지금까지 술집도 노래방도 가 본 적이 없다.

8. 집수리

지금 살고 있는 이 집도 昨年에 수리를 아니 했더라면 옆 건물 재건
축 現場에서 철거할 때에 진동으로 무너질 확률이 높았다는 생각이 든
다. (중국의 지진 사태를 보면서…)

20年 된 건물에 세입자들만 살고 있으니, (9평+의 낡고 작은 집)가
옥 주와 세입자만 무수히 바뀔 뿐, 누구 하나 管理를 아니해시 지은
後보는 처음으로 옥상과 외벽을 수리했다. 그야말로 폐가구 쓰레기
더미와 함께 廢家 같았는데 꼼꼼하게 수리를 한 것이 매우 도움이 된
것 같다. 학업과 경비와 시간적 손실은 堪耐했지만…….

압구정동 파출부 사무실을 찾아가서 등록을 하고(1990년), 윤영옥
料理學院에 등록을 하고(1990년), 일상에서 가장 중요한 일은 信仰과
공부에 맞추었던 일이 생각난다.

영동 세브란스 '서은경' 영양과장님(현 연대 환경대학원 책임교수)
을 만난 因緣도 거기서 시작되었고, 제비 다리를 싸매주던 흥부가족처
럼, 그분 家族은 내게, 사회생활에 걸음마도 서툰 나를 걸을 수 있도록
잡아주시고, 지금껏 공부하고 일하며 살 수 있도록 激勵와 위안이 된
가정이다. 박서경 님을 연결하여 연경 장학회 장학금을 받게 해 주시
기도…

내가 가장 유용하게 사용하는 독서실은 대중교통, 지하철이다. 그래
서 귀갓(歸家)길에는 꼭 챙기는 일이 있는데 간단한 요기이다. 그렇게
하지 아니하면 눈을 감고 오기 때문이다. 열심히 일하고 공부하는 사
람들이 내 눈에 띈다. 지하철 안의 분위기가 한결 신선하게 느껴진다.

나는 여러 해 동안 곰팡이가 많은 지하 房에서 세 살았다. 2006년
11월, 내 名의의 작고 낡은 다세대주택으로 이사를 와서 옥상과 외벽
수리를 하고, 500m 내외에 좋은 公園이 두 개나 있어서 많이 감사하
고 있다.

中央공원은 금요기도회와 수요기도회를 갈 적마다 공원길을 걸어가
며 감격하고, 감사한다. 석천공원은 좋은 食水와 테니스 벽면이 있어
서 초보자인 나에겐 매우 有用하다. 학업 때문에 잠깐씩만 이용을 하
지만…….

다세대 주택을 수리하느라고 어려움도 많았지만, 얻은 바도 크다.
두 가옥이 무리해 해결하느라고 쫓아다녔는데 지난해에는 '생활법률'
(일선 과목)공부한 것도, 도움이 되었다. 最近에 다 해결되었다.

9. 관리 봉사

學費를 헐어서 수리를 시작하였는데, 지금은 모든 가옥에 유익이 돌
아왔다. 연경장학회 德分에 가능한 일이었다. 일거양득, 삼득을 한 셈
이다.

나는 '아키아 아줌마연대' 장학금 50만 원은 썼지만 연경 장학회 장
학금은 學業을 더 하기 위해서 쓰지 않았고, 나의 사회적 영아 시절에

딸아이가 내게 주었던 예금 통장 元金만 우선 갚았다. 올해에는 아키아 아줌마 연대회원으로 연회비를 입금했다.

올해는 離婚한 전 남편의 七旬이다. 어찌 나만 고통스러웠겠는가! 올해는 작은 선물을 준비하려고 적금을 넣고 있다. 지금 생각해 보면 이혼의 아픔은 컸지만 善用한 것 같다. 나를 만나는 사람들은 학업을 재시도 함을 보게 된다.

10. 위로

강혜전 집사님 부부 외에도, 오산리 직원 숙소에 隱身處를 마련해 주셨던 當時 총각 전도사님(현 왕병택 목사님), 신학적 대변자가 되어 주셨던 '김영한 신학자님, 신앙적 뿌리와 싹을 형성케 하신 도마 사제님, 신앙적 환경을 열어주신 베드로 사제님, 信仰적 홀로서기에 에너지를 공급하신 평목원 목사님, 보이지 않는 곳에서 물심양면으로 동역하시는 同役者를 의식하며 홀로가 아님을 알게 된다.

그동안 나는 교회일치에 관한 進路와 그리스도께서 죽으시고, 부활하심으로서 인생의 암담한 '늪'을 헤어나서 에덴의 회복으로 向하여야 한다고, 靈的 올가미를 벗어나야 한다고 했는데, 당시의 환경은 캄캄했는데 교회의 연합이 다소 진척이 되고, 하느님께서 요셉에게 보여주셨던 꿈이 13년의 고난 끝에 實現을 주셨듯이 나에게도 혹독한 '늪'에서 치료와 회복의 은혜를 베풀고 계신다.

하늘에 부착된 샘의 根源을 알게 하셨고, 새 예루살렘 도성의 실현
_{근원}
을 이뤄 가심을 보게 하셨다. 이스라엘의 무리가 확장됨을 보게 하셨
다. 지진과 전쟁과 기근과 뒤숭숭한 昏亂 가운데서도 에덴의 회복의
_{혼란}
감사와 讚頌이 확장되어감의 무리를 나는 보고 있다.
_{찬송}
言約에 신실하신 야훼 하느님께 榮光을 돌려 드린다!
_{언약} _{영광}

존재(인간)의 전망

1. 자연의 신비

患者 케어 휠체어를 밀며 병원 주변을 돌면서, 삼라만상의 生命의
_{환자} _{생명}
신비로움에 무한히 감격하게 된다.

겨울 동안 앙상한 가지는 죽은 나무와도 같았는데, 덮고 있는 등나
무가 첫 순의 망우리를 준비하고 있더니 4월 中旬이 되니, 잎이 나오
_{중순}
고 있었다. 어른 7, 8배의 키를 가진 패구나무(정자나무)는 이미 첫 순
은 나와 있고, 울타리를 이루고 있는 쥐똥나무는 새파랗게 깨끗한 잎
들로 생기가 발랄하다.

아카시아 나무도 첫 순을 터뜨릴 준비가 되어있고 목련이 만개하고
나더니 벚꽃이 개화하고, 벚꽃이 滿開 시기가 지나니, 매화가 피어나
_{만개}
더니, 한창 곱게 단장을 하고 있다.

나는 그리스도인으로서 기도회에 가면, 森羅萬象에 새 생명이 움트
삼라만상
듯 언약으로 맺어진 백성들의 생명과 소성과 충만을 祈禱 드렸다.
기도

2. 에너지

몇 개월 전 月刊지 첫 장에서, 나는 존경하는 어른의 '발행인의 글'
월간
을 인상 깊게 주목해 본다.

〈내 안에 높은 에너지가 흐른다〉의 제목으로 기고하신 글을 소개하
고자 한다. (2008. 2. 오늘의 양식)

"양자역학을 연구하는 과학자들과 천체 물리학자들은 우주의 중심
을 들여다보고는 창조의 바탕에 있는 것은 에너지라는 것을 보고 놀
랐다. 우주는 순수에너지에서 시작되었다. 모든 것은 에너지의 결합
체이다. 사물이 그렇고, 생각이 그렇고, 행동이 그렇다. 건강과 질병
이 그렇다. 건강은 에너지 수준이 높은 상태이고, 질병은 에너지 수준
이 낮고, 흐름이 막힌 상태이다. 몸을 형성하고 있는 화학물질의 많고
적음이 문제가 아니라 에너지의 양이 문제인 것이다. 에너지가 낮아
지면 질병, 고통, 근심, 피로를 느끼고, 높아지면, 사랑, 웃음, 행복, 나
눔이 있다. 여학생들이 빵집 한구석에 앉아 이야기를 주고, 받으면서
깔깔댄다. 에너지가 넘쳐흐른다. 그러나 에너지가 낮은 사람은 인생
이 재미없다. 건강하다는 것은 온몸에 에너지가 막힘이 없이 잘 흐르

는 상태이고, 부러진 다리는 에너지가 끊긴 상태이다. 의사는 에너지 흐름을 다시 연결해 준다. 에너지는 다시 흐른다. 얼마 안 있어 통증은 사라지고 걷기 시작한다.

태초에 순수에너지가 있었다. 땅에는 아무것도 없었다. 흑암이 수면을 덮고 있었다. 하느님의 영이 수면에서 움직이기 시작했다. 인격적인 성령이 움직이자 아름다운 창조가 나타났다.

그러나 罪_죄는 에너지의 흐름을 방해한다. 모든 것을 파괴한다. 분노, 증오, 질투, 시기, 욕심, 비방과 같은 모습은 성령의 에너지가 끊긴 상태이다.

결국 육신의 고통마저 일어난다. 불행이다. 예수님은 떠나시기 전에 위로부터 능력을 입을 때까지 이 성에 유하라고 하셨다(눅24:49). 성령이 임하시면 폭발적인 에너지가 넘쳐흘러 땅 끝까지 나누어 줄 영원한 생명과 행복을 공급해 줄 것이라고 하셨다.

편안한 미소가 에너지를 공급해 준다. 어두운 얼굴은 에너지를 잃은 얼굴이다. 에너지가 낮아진 사람은 에너지가 높은 사람에게서 빼앗아 간다. 그를 만나면 피로를 느낀다. 우리는 날마다 높은 에너지 공급이 필요하다. 영원히 솟아오른 에너지 원천은, 우리 안에 거하는 인격적 성령이다. 매일 강력한 에너지원을 받으며 살아야 할 것이다.

3. 창조와 통치

그렇다. 야훼께서 천지 창조하시는 과정에서 아직 땅은 混沌하고 공
허하며 흑암이 깊음 위에 있고, '하느님의 신은 수면에 운행하시니라'
로 시작하신다.

삼라만상이 創造하신 모든 환경과 조화를 이룸으로 가장 쾌적한 생
명의 조건을 얻는다. 흙에 水分이 공급되어야 생명체는 소성할 수가
있다. 자연과 인간은 조화를 이루어야 쾌적한 환경에서 살아갈 수 있
다. 그런데 이러한 환경을 구비하는데 있어서는 삼라만상의 管理者인
인간의 건강한 인격을 구비해야 한다. 사람의 인격은 뒤틀리면 관계
가 혼돈하고 뒤틀린다.

각각의 생명체는 尊嚴하다. 그 큰 틀 안에서 제 궤도에 충실할 때 심
장이 정상이고, 오장육부가 건강하며 思考가 '道'를 인식한다.

하지 말아야 할 行爲를 한다. 그러한 사람의 인격을 존중한다면서
사형제 폐지를 운운하고, 그 얼굴을 가리어 주고 있다. 따라서 同流들
이 대담하게 같은 범죄를 저지르고 있다. 그들이 改過遷善하면 누가
그에게 돌을 던지랴! 그때에야 존엄을 창조주께서 回復하실 줄로 믿는
다.

사람은 진흙으로 지어졌다고 되어있다. 따라서 사람이 죽으면 흙으
로 환원한다. 그리고 그 코에 生氣를 불어 넣으셨다고, 하셨고, 그 생
령, 생기는 위로 向한다.

최적의 환경에 유혹자가 살며시 와서 인륜과 規範을 깨뜨려도 된다
_{규범}
고, 네가 네 생명의 주인이라고, 네 마음대로 할 수 있다고 미혹한다.
이 과정에서 오염되면, 그것이 罪이고, 건강한 최적의 에너지가 상실
_죄
한다.

숨만 팔딱일 뿐, 그는 자신을 위해서도, 자연을 위해서도 건강한 에
너지가 없다.

4. 극악한 죄의 관리

그러한 사람들을 얼굴을 가리어주고 변호하고 있다. 그것은 옳지 않
다. 그가 그러한 상태에서 回復되면, 살아갈 수 있는 회복의 환경을 생
_{회복}
명의 主人께서는 조화로운 에너지 공급을 주실 것이다.
_{주인}
오랫동안 인류의 祖父母님이 미혹의 길을 걸어서, 그 후손 된 인류
_{조부모}
는 쾌적한 환경을 상실하고 뒤틀려 살아왔다.

회복의 은혜를 공급하고자 救援자가 오셨었지만 그를 받아들이지
_{구원}
않았고, 그분을 죽였다. 사람의 육신은 물과 공기와 음식을 공급받고,
코로 불어넣으신 생명은 위로부터 공급받아야 한다.

참으로 다행한 일은 야훼께서 世末에(기회가 많지 않음을 내포하고
_{세말}
있음) 아브라함, 이삭, 야곱의 하느님께서 언약의 백성을 회복하실 것

임을 열조와 言約하셨고, 구원자, 그리스도께서 인류를 위한(언약의
백성) 구속사역을 담당하심으로서 하느님을 대면할 수 있는 자리로,
회복할 수 있는 길을 이루셨다는 사실이다.

5. 미신

　부지깽이를 꽂아놓고 치성을 드려도, 그곳에 神이 있다는 말이 있
다. 큰 바위, 고목, 깊은 골짜기에 致誠을 해도 거기에 神이 있다. 그림
을 하나 걸어놓고, 거기에 集中하고 치성하면 거기에 '신'이 있을 수
있다는 것을 알아야 한다.
　'이콘'에 信心과 神心은 철저히 경계해야 한다.
　천사장이 하느님의 영역을 침범하다가 쫓겨난 천신들이 가짜 '하느
님' 행세를 한다. 공중 악령들이 귀신들이 거기에서 '신' 행세를 한다.
유명하다는 巫人, 거짓 그리스도(?) 祖上神으로 하느님 행세를 하고 있
다는 사실이다.

6. 악령의 지능지수

　문제는 그 신들이 사람보다 지능지수가 높다는 데 있다. 그러나 그
리스도인은 그리스도께 椄木되어 있음으로, 그 '신'들을 제어할 수 있

다. 최적의 환경에 있는 그리스도인이 이 부류에 속한다고 할 수 있다.

전갈을 집으며, 뱀을 밟으며, 惡한 靈을 분변하고, 제어할 權勢를 위
로부터 받을 수 있다는 사실을 알고 있는 그리스도인들은 그리스도의
생명으로 쾌적하고, 행복의 삶을 영위한다.

그리스도께서 이뤄놓으신 회복의 은혜를 획득하고, 행복한 그리스
도인들이 擴張되어 가고 있다.

삼라만상과 인류를 창조하시고 통치하심을 믿고, 큰 규범에 準한
人倫을 행함으로써 하느님과의 화해, 사람과의 화해, 삼라만상과의 화
해를 이룸으로써 아름다운 환경을 낳을 수 있을 것임을 기대해 본다.

7. 쾌적의 삶

최적의 환경을 누림으로써 幸福한 사람은 부정한 행위를 拒絶한다.
스스로 오염되기를 거부한다. 그들이 낳은 생산은 신뢰할 수 있다. 사
람이 바로 되면 산천초목도, 삼라만상도 기뻐한다고 視事한다.

나는 몇 개월 전 CTS TV에서 보게 된 사실 하나를 公有하고자 한
다. 모 부인이 매우 유복한 가정에서 태어나서 대학까지 별 어려움 없
이 마치고, 지금의 배우자를 만나서 親知와 주변의 祝福을 받으며 결
혼하셨고, 첫아들을 낳아 마냥 행복했노라고, 첫아들이 12월이 되던

어느 날, 筋肉 無力症이라는 장애로 12살까지 걸을 수가 없으며, 20살
이 되기 전에 사망한다는 진단을 받았다는 것이다.

青天霹靂 같은 상황 앞에 평소에 자주 찾던 절에 가서 자신의 죄업
으로 아들이 그러하다고 생각하고, 매일 108배의 절을 올리고, 坐禪
을 했다는 고백을 하셨다.

어느 날은 남편이 教會로 가겠다고 하셔서, 한 집안에 두 종교를 가
질 수 없다고 여겨서 남편을 따랐다는 것이다. 교회로 갔을 때가 사순
절과 부활절을 맞으면서 그리스도의 苦難이 자신의 죄 때문임을 생각
하며 많은 눈물을 흘렸다는 것이다.

자신을 묶고 있는 죄의 끈이 한 겹, 한 겹 끊어져 나감을 意識하게
되었고, 그날 이후 부인과 남편은 삼라만상이 새롭게 조명되었다는
告白이셨다.

장애인 등록을 마치고, 환경은 아직 그대로이지만 그들 부부의 사고
와 인격은 평안과 감사와 행복을 고백하는 告白錄이었다. 그 아들에게
도 은혜가 있으리라고 기대한다!

8. 전문지식

이 時代는 神學을 전공한 인재도 중요하지만 다양한 전문 인력이 절
실한 시기이다. 전문지식이 야훼 하느님께 드려지고, 그 지식을 야훼

께서 知慧로 쓰시도록 해야 한다.
　　지혜

　　지구의 엉망진창이 된 人間 스스로는 대책을 가늠할 수 없겠지만,
　　　　　　　　　　　　　인간
전문지식을 하느님의 지혜로 사람을 들어 사용하실 때에 지구는 고칠
수 있음을 성경은 시사하고 있다.

　　가인의 지식이 하느님께 드려질 때에야 지구는 오래 存續할 수도 있
　　　　　　　　　　　　　　　　　　　　　　　　　　존속
을 것이다.

　　나는 기도드린다. '이 시대에 전문 인력, 전문 知識人을 하느님께서
　　　　　　　　　　　　　　　　　　　　　　지식인
사용하여 주십시오.'라고. 이때야말로 가인의 지혜를 하느님의 善으
　　　　　　　　　　　　　　　　　　　　　　　　　　　　　선
로 바꾸시고 요소요소에 전문 인재를 파견하시옵기를 기도드린다.

　　나는 새 예루살렘이 이 땅이 없어지고, 위로부터 내려옴의 物理的
　　　　　　　　　　　　　　　　　　　　　　　　　　　　　物理的
시야로 묵상할진대 하느님이 창조하신 신비한 세계를 사람이 망쳐 놓
았는데, 그 責任은 모두 '네'게로 돌리고 위로부터 펼쳐질 새 예루살렘
　　　　책임
을 가만히 앉아서 기다리는 자와, '지구의 終末이 내일 온다.' 하여도,
　　　　　　　　　　　　　　　　　　　종말
오늘 한 그루의 사과나무를 심는 者와의 슬기로움은 누구일 것 같은
　　　　　　　　　　　　　　　자
가?의 질문을 던져본다.

　　건축업 CEO가 지구의 온난화로 因하여 얼음산이 녹아내려서 해수
　　　　　　　　　　　　　　　　인
면의 높아지고 있음과 온난화의 주범으로부터 지구를 救하는 일원으
　　　　　　　　　　　　　　　　　　　　　　　　　　구
로 그는 레마를 말씀하셨다.

　　세계 各國으로 건축 디자이너의 설계가 한몫을 하고 -이산화탄소를
　　　　각국
줄이고 태양열을 에너지원으로 끌어들일 때의 효능을 說破하셨는데-
　　　　　　　　　　　　　　　　　　　　　　　　　　설파

나는 '바로 저것이다!'라고 박수를 쳤다!

9. 이스라엘(그리스도인)의 회복

오랜 歲月 동안 이스라엘은 버려진 자식처럼 살아왔다. 그러나 終局
에는 회복하실 것임을 시사하셨다.

유다가 그리스도를 맞아들이지 아니하여 그리스도께서 사마리아
로 행보하셨고, 選民 이스라엘의 범죄로 인하여 異邦도 그리스도를 영
접하고 접목되면 그리스도의 생명으로 다시 사실 것임과 존귀한 자로
영원을 보장받으실 것이다.

이스라엘의 회복은 善해서가 아니라 열조와 맺은 언약 때문이며, 이
스라엘의 범죄로 구원은 이방나라로 확대되었다.

모세 (2010. 9. 기록)

1. 모세의 출생배경

요셉이 애급의 總理가 됨으로써 야곱과 함께 권속을 데리고 애급 땅
에 이른 이스라엘 아들들의 이름은 '유다', '잇사갈', '즈불론', '벤냐
민', '단', '납달리', '갓', 요셉과 그의 모든 兄弟와 그 시대 사람은 다

죽었고, 이스라엘 子孫은 생육이 증가하고 번식하고 창성하고 强大하여 온 땅에 가득하게 되었더라.

요셉을 알지 못하는 새 王이 일어나서 애급을 다스리더니 그가 '신민'에게 이르되 이 百姓 이스라엘 자손이 우리보다 많고, 强하도다. 자 우리가 그들에게 대하여 지혜롭게 하자. 두렵건데 그들이 더 많게 되면 전쟁이 일어날 때에 우리 對敵과 합하여 우리와 싸우고 이 땅에서 갈까 하노라 하고… (출 1:1-7), 監督들을 그들 위에 세우고 그들 위에 무거운 짐을 지워 괴롭게 하여, 그들로 바로의 국고 성 비돔과 라암셋을 建築하게 하니라. (11절) 그러나 학대를 받을수록 더욱 번식하고 昌盛하니, 애급 사람이 이스라엘 자손으로 인하여 근심하여 이스라엘 자손의 役事를 嚴하게 하여 苦役으로 그들의 생활을 괴롭게 하니 흙이기기와 벽돌 굽기와 농사의 여러 가지 일이라. 그 시키는 일이 다 嚴하였더라.

투트모스(Thutmose) 3세 때의 대신이었던 '레크마이어(Rekhmire)'의 무덤 壁畵가 벽돌 굽는 노예들의 모습을 보여주는데 이것이 히브리인들의 苦役의 노예 생활을 보여주고 있다고 보고 있다. 벽화에 依하면 노예들이 나일江의 축축한 진흙 덩이에 모래와 지푸라기를 섞어서 햇볕에 마르도록 벽돌 틀에 넣고 있다. 그리고 감독들이 노예인 히브리 사람들에게 말하듯, 한 記錄이 쓰여 있는데 '매가 내 손에 있으니 게으름을 피우지 말라!'고 되어 있다.

투트모스(Thutmose) 3세는 이스라엘 사람들을 강제로 勞動시켰던 抑壓자 바로였던 것으로 생각할 수 있다.

2. 모세의 출생비화

애급 왕이 히브리 산파 '십보라'라 하는 자와 '부아'라 하는 자에게 일러 가로되, '너희는 히브리 여인을 위하여 조산할 때에 살펴서 男兒(남아)든 죽이고, 女兒(여아)든 그를 살게 두라'(15-16절) 그러나 산파들이 하느님을 두려워하여 애급 왕의 命(명)을 어기고 남아를 살린지라.

애급 왕이 산파를 불러 그들에게 이르되 "너희가 어찌하여 이같이 하여 男兒(남아)를 살렸느냐?" 산파가 바로에게 대답하되 "히브리 여인은 애급여인과 같지 아니하고 건장하여 산파가 그들에게 이르기 전에 해산하였더이다."(17-19절)

민수기 서에 기록된 통계들에 의하면, 軍(군)에 복역할 수 있는 연령의 사람들이 약 六十(육십) 萬(만)이었다. '십보라'와 '부아'라는 두 산파가 603,550의 많은 男兒(남아)를 돌볼 수 있는가? 라는 의문점을 풀어주는 증거를 追跡(추적)함. BC 750년경에 살았다던 '엘로히스트(Elohist)'가 제시한 자료로 그 당시 애급의 모든 記錄(기록)들은 거의 모든 기술이나 전문직들이 정부로부터 責任(책임) 있는 감독자들에 의해 統制(통제)되었음을 보여준다.

출 애급기 1장 15절에 언급된 '십보라'와 '부아'의 역할은 모든 산파 단체의 감독자 혹은 책임자였다는 觀點(관점)이다.

3. 모세의 유아기와 성장기

레위 族屬 중 한 사람이 가서 레위 여자에게 장가들었더니 그 여자
가 아들을 낳아, 그 준수함을 보고 그를 석 달을 숨겼더니(출 4:1-2),
더 숨길 수 없이 됨에 그를 위하여 갈대 상자를 가져다가 역청과 나무
진을 칠하고, 아이를 거기 담아 河水가 갈대 사이에 두고 누이가 어떻
게 되는 것을 알려고 멀리 섰더니(3-4절), 바로의 딸이 沐浴하러 하수
로 내려오고, 시녀들은 하수가에 거닐 때에 그가 갈대 사이에 상자를
보고, 侍女를 보내어 가져다가 열고, 그 아이를 보니 아이가 우는지라.
그가 불쌍히 여겨 가로되 '이는 히브리 사람의 아이로다!'(5-6절)

그 누이가 바로의 딸에게 이르되 '내가 가서 히브리 女人 중에서 유
모를 불러다가 당신을 위하여 이 아이를 젖 먹이게 하리까?'(7절), 바
로의 딸이 그에게 이르되 '가라!' 그 소녀가 가서 아이의 어미를 불러
오니 바로의 딸이 그에게 이르되, '이 아이를 데려다가 나를 위하여 젖
을 먹이라!' '내가 그 삯을 주리라!' 여인이 아이를 데려다가 젖을 먹이
더니 그 아이가 자라매, 바로의 딸에게로 데려가니 그의 아들이 되니
라.

그가 그 이름을 '모세'라 하여 가로되 이는 내가 그를 물에서 건져내
었음이라 하였더라.(2:8-10)

히브리인 사내아이를 死産토록 시켰으나, 하느님을 경외하는 산파
의 마음을 動하여 죽임을 면한 모세는, 애급의 바로의 딸의 마음을 動
하여, 유아기를 生母의 젖을 먹게 하였고, 어미를 통하여 히브리 민족
의식을 공급받고, 그가 자라매, 애급 공주의 아들로 양육되다.(2:11)

모세가 장성한 後에 한번은 자기 형제들에게 나가서 그 苦役함을 보더니 어떤 애급 사람이 어떤 히브리 사람, 곧 자기 兄弟를 치는 것을 본지라… 좌우를 살펴 사람이 없음을 보고, 그 애급 사람을 쳐 모래에 감추니라.

다음날 다시 나가니 두 히브리인이 싸우는지라. 그 그른 자에게 이르되 '네가 어찌하여 同胞를 치느냐?' 하매 그가 가로되 '누가 너로 우리의 주재와 법관으로 삼았느냐?' '네가 애급 사람 죽임 같이 나도 죽이려느냐?' 모세가 두려워하여… 바로가 모세를 죽이고자 하여 찾은지라. 모세가 바로의 낯을 피하여 미디안 땅에 머물며…

모세의 유아기에 유모(생모)의 양육을 받으며, 히브리 민족의 의식이 심기어졌음을 헤아려 볼 수 있다. 이집트 왕궁에서 최상의 음식과 교육과 환경에서 성장했지만 그에게 내재된 무의식의 또 한 人格은 히브리 민족의 의식임을 볼 수 있다.

'프로이트'는 유아기의 5세 이전에 一生의 인격의 기초가 형성된다고 말한다. 내게는 인상 깊게 남아있는 기억이 있다.

내가 가사 도우미를 하던 때의 일이다. 그 댁 엄마는 약사셨다. 두 자녀(남매)를 양육하셨는데 엄마는 약국에서 돌아오시면 옷도 갈아입지 않은 채 아이들과 놀아주고, 맛있는 것을 준비해 오셔서 즐겁게 먹으면서 얘기하신다.

아이들은 엄마가 없는 동안 엄마, 아빠 침대에서, 그리고 엄마 아빠 방은 어지럽다. 그 댁 엄마는 엄마의 침대를 어지럽혀도 엄마의 방과 용품을 어지럽혀도 그 아이들이 아이들의 방을 어지럽혀도 전혀 개의치 않으시듯 했는데, 사실 엄마들이 여간한 忍耐心으로는 그렇게 하기가 쉽지가 않다.
_{인내심}

아이들은 엄마 아빠가 안 계시는 동안의 회포를 엄마 아빠가 오시면 만회하는 것이다. 엄마 아빠의 다정한 모습까지…

그렇게 자라고 나면 엄마가 약국에 나가셨지만, 아이들과 애착 관계가 비교적 무난하다고 볼 수 있을 것 같다. 어찌 보면, 버릇없는 것처럼 보이기도 하지만 엄마가 출근하시고, 그리고 그 환경에서의 엄마의 育兒法이고 그 엄마의 아이들이 아름답게 자라게 하신 듯이 보인다.
_{육아법}

4. 모세의 인격

자녀가 없어서이거나 어떤 이유에서 아이를 데려다가 양자, 양녀로 키우는 경우가 있는데, 이왕이면 갓난아이 때부터 데려다 키우는 것이 훨씬 좋다는 통계이다.

그리고 이왕이면 아이의 父母의 환경이나 문화, 교육, 의식 등을 알아보고, 어쩌다 한번 실수로 잉태된 아이를 미리 約束을 하고, 갓난아이 때부터 데려다가 양육하는 것이 有益하다고 한다.
_{유익}

아이를 데려다가 양육하는 경우에 반드시 카운슬링을 받고, 아이의 부모로서의 적격 환경을 生産할 수 있도록 조성되어야 한다는 것이다.

어떤 불임의 夫婦는 정서적으로 불안정한 상태로 아이의 처지에 동정심으로 아이를 데려다가 양육하는 경우는 바람직하지 않다는 것이다. 아이의 養育은 동정심으로 될 수 있는 것이 아니고 사랑과 돌봄의 환경이지, 동정으로 양육하다가 아이에게도 養父母에도 문제가 발생할 수 있다는 것이다.

여기서 이집트 공주의 경우는 양자로 데려다가 養育한 '모세(물에서 건진 자란 뜻, 이집트 이름)'가 있다. 모세는 이집트 王宮의 법도와 敎育으로 양육되었지만, 야곱과 요셉의 후손들, 히브리 민족들을 출애급 시킨 指導者가 되었다. 人間的으로 보면 애급의 공주에겐 불행한 일이었음을 지적할 수 있으며 人類 歷史的으로는 큰 인물을 양육한 것이다.

當代의 바로의 궁에서는 애급의 국가로서는 큰 타격이요, 상처일 수밖에 없지만, 인류 역사와 하느님 나라에는 중요한 '획'임을 지적할 수 있다.

5. 모세의 인간 이해

모세는 後代에 히브리 민족의 指導者로 자리매김하고 있다. 그러나
모세 개인적으로 볼 때는 危險한 시대에 태어났고, 아슬아슬한 出生이
었다. 산파의 마음을 動하고 바로의 딸의 마음을 動하여 살아났고, 생
모가 乳母가 됨으로써 유아적 적격환경의 사랑과 돌봄을 받았다고 할
수 있다.

바로의 궁에서는 엄격한 왕실의 法度와 環境에서 성장함으로써 오
손도손한 환경과는 거리가 있다.

모세는 規律과 法을 중요하게 여기는 자이고 겸손하고 온유하며 겁
이 많은 자로 기록되어 있다. 그러한 모세가 애급 사람을 죽인 히브리
人이 되었으니 애급의 바로와 바로의 공주에게는 두려움으로 인하여
미디안 땅으로 도망자가 되었다. 모세의 처지와 기막힌 心情을 헤아려
볼 수 있다.

6. 인간의 관계성

인간은 관계성을 가지고 그 관계 주체 간의 相互作用에 의해서 순기
능과 역기능, 또는 여러 가지 정서적 문제가 유발된다는 것이다.

6-1. 인간관계 4가지

1) 자기 자신을 客觀化시키는 능력을 가진 인간에게만 존재하는 자
   기 자신과의 관계

2) 타인과의 관계로서 가족과의 관계와 가족이 아닌 타인과의 관계의 중간적 성격을 띠게 된다.

3) 자연 만물 즉 우주와의 관계

4) 창조주 되신 하느님 아버지와의 관계라고 할 수 있다. 이는 靈적 관계라고 할 수 있다.

人間의 關係에 있어서 커다란 범주의 4가지 관계가 온전할 때 그 인간은 올바른 自我實現과 건강한 狀態라고 말할 수 있다. 이러한 4가지 범주를 온전케 하는데 意義를 둔다.

4가지 관계들은 서로 간에 密接한 영향을 미치고 있으며, 가장 근본이 되는 관계가 創造主이신 하느님과의 관계가 온전할 때에 그는 자기 자신과의 관계, 타인과의 관계, 온 우주, 자연 만물과의 관계가 온전해진다고 믿기 때문이다. 그러나 관계가 파괴되어 버린 대표적인 형태가 憂鬱症의 경우이다. 우울증에 빠진 사람은 역순으로 그 치료과정이 전개되어야 한다. 자기 자신을 객관화시켜서 자기 자신의 문제를 바라보게 한 후에 자기스스로 自己의 問題를 돕도록 환경을 만들어주며, 가족과의 문제에서 발생한 要因들을 제거하며, 屈節된 관계를 올바르게 하고 타인에 의한 傷處와 문제점들을 다루게 한 후에야 온전한 문제 해결자로서, 가장 완벽한 父母로서, 자신을 가장 사랑하는 타인으로서 하느님을 提示해 준다.

7. 야훼의 날을 위하여 약속한 모세

즈가리아 書에서 "내가 열국을 모아 예루살렘과 싸우게 하리니 성읍이 함락되고, 가옥이 약탈당하고 부녀가 욕을 보며, 성읍 百姓이 절반이나 사로잡혀 가려니와, 남은 백성은 성읍에서 끊어지지 아니하리라!"

"그때에 야훼께서 나가사 열국을 치시되 이왕 전쟁 날에 싸운 것같이 하시리라." 빛이 있으리로다.

그날에 생수가 예루살렘에서 솟아나서 절반은 동해로, 절반은 서해로 흐를 것이라. 여름에도, 겨울에도… (즈카리아 14장)

"야훼께서 천하에 王이 되시리니, 그날에는 야훼께서 홀로 하나이실 것이며, 13장의 그 날은 罪와 더러움을 씻는 다윗의 족속과 예루살렘 거민을 위하여 열리리라!"(새 이스라엘), 그러나 야훼께서 천하의 왕이 되시기 전에 큰 요란함이 있을 것임을 알 수 있다.

"나 야훼가 말하노라!" "내가 예루살렘에 돌아왔을 적 예루살렘 가운데 거하리니, 예루살렘은 眞理의 城邑이라 일컫겠고, 만군의 야훼의 산은 聖山이라 일컫게 되리라.

길거리에는 늙은 지어미와 늙은 지아비가 다시 앉을 것이라. 나이 많음으로 各其 손에 자팡이를 잡을 것이요… (즈가리아 8장)

야훼의 날은 어두움과 混亂과 다툼이 있을 것을 豫告하신다. 그러나
야훼께서 친히 열국과 대적을 치시고 남은 자를 救하실 것임을 예고
하셨다.

예루살렘을 치러왔던 남은 자가 야훼께 숭배하며 초막절을 지킬 것
을 말씀하셨다.

먼데 사람이 와서 야훼의 殿을 건축하리니, 만군의 야훼께서 나를
너희에게 보내 준 뜻을 너희가 알리라. 너희가 만일 너희 하느님 야훼
의 말씀을 聽從(바로 듣고 바로 행함)할진대, 여기서 듣기는 들었으되
自己의 고정관념으로 듣고, 자기의 고정관념의 틀에서 행할진대 '무슨
말씀이 더 유익을 끼칠 것인가?'인 것이다.

이사야서 28장에서는 에브라임의 교만함과 독주로 인하여 裁判석
에서 失手를 하며, 제사장과 선지자도 옆걸음치며, 포도주에 빠지며,
비틀거리며, 야훼의 말씀이 臨하여도 '그가 뉘게 지식을 가르치며, 뉘
게 道를 傳하여 깨닫게 하려는가, 젖 떨어져 품을 떠난 아이에게나 하
려는가. 대저 경계에 경계를 더하며, 敎訓에 敎訓을 더하며 여기서도
조금, 저기서도 조금 하는구나!' 한다고 야훼께서 알고 계신다.

그러므로 생소한 입술과 다른 方言으로 이 백성에게 말씀하시다(11
절), 前에 그들에게 이르기를, "이것이 너희 安息이요 이것이 너희 상
쾌함이니 너희는 곤비한 者에게 안식을 주라 하셨으나 그들이 듣지

아니하였으므로 경계에 경계를 더하며 敎訓에 敎訓을 더하며 여기서
도 조금, 저기서도 조금 하사 그들로 가다가 뒤로 넘어져 부러지며 걸
리며 잡히게 하시리라!"

한 돌을 시온에 두어 基礎로 삼았음에, 시험한 돌이요 堅固한 기초
돌임을 말씀하신다. 그들을 향하여 밟힘을 당할 것임을 말씀하신다.

그들은 오히려 전하는 道를 깨닫는 것이 오직 두려움이라고 하시며
야훼의 목소리를 듣고, 자세히 들으라고 하신다! 이도 만군의 야훼께
로서 난 것이라 하신다.

8. 말라기의 모세

너희가 완악한 말로 나를 對敵하고도, 우리가 무슨 말로 主를 대적
하였나이까 하는도다. 만군의 야훼 앞에 그 命令을 지키며 슬프게 행
하는 것이 무엇이 유익 하리요, 청종의 正導를 깨닫지 못함이라고 하
신다.

그러나 야훼를 敬畏하는 자들이 피차에 말하며, 야훼께서 그것을 분
명히 들으시고, 야훼를 경외하는 자와 그 이름을 尊重히 생각하는 자
를 위하여 야훼의 기념冊에 기록하시고, 야훼의 정하신 날에 그들로
특별한 所有로 삼으실 것이라고 하신다.

야훼는 이미 땅을 평평하게 하시고, 대회향 소회향, 귀리를 심으셨음은 야훼의 주신 말씀의 '순'으로 난 자가 있음을 알게 된다.

그분들에게 야훼의 知慧와 權勢가 창대하시길 기도하며, 그리고
지혜   권세
任意대로 굳어버린 야훼 경외자들과(고정 관념하에 말씀을 접수한 자
임의
들), 야훼하느님과의 관계를 위하여 기도하는 모세, 야훼 하느님이 親
친
이 경륜을 이루시고 즈가리아서 13장의 '그날'에 罪와 더러움을 씻는
죄
'샘'이 다윗의 족속과 예루살렘 거민을 위하여 열릴 것을 말씀하신다.

이미 이뤄놓으신 和解의 言約을 자기 백성의 심령 가운데 居하시는
화해   언약   거
그리스도의 영, 성부의 영이신 성령님의 役使가 온전하여, 오직 한 분
역사
하느님만이 尊貴와 榮光의 治理자 심을 위하여 使役하실 세례 요한과
존귀   영광   치리   사역
같은 모세이어야 할 것이다.

하느님의 法이 자기 백성의 心中에 있으며, 하느님의 統治가 자기
법   심중   통치
백성과 온전한 사귐이 이뤄지는 末日의 야훼의 任在를 자기 백성과 함
말일   임재
께 公人할 수 있는 세례 요한과 같은 모세여야 할 것이다. 야훼의 말씀
공인
은 싹이 나서, 자라 열매를 맺기까지는 그대로 되돌아가지 아니하실
것임을 말씀하셨다. 그리고 야훼께선 일해 오셨다.

그리스도인의 세계관

1. 윤리에 대한 정의

그리스도교의 世界觀에서는 윤리에 대하여 일관되게 有神論的 기초를 제공한다.

하느님은 초월적이고, 주권적이고, 인격적이며, 도덕적이다. 성경에서는 三位一體 하느님이 자율적이며, 自充적이고, 도덕의식을 갖고 있음을 보여주며, 만일 이것을 否定한다면 인간의 도덕의식은 虛空 속에서 방황하게 된다고 말해준다.

그리스도교의 세계관의 道德은 불변하는 하느님의 속성에 根據하고 있음으로 도덕의 표준을 하느님께 둔다.

윤리는 초월적 基源을 가지며 시대나 지역, 민족에 따라 변치 않는다고 보기 때문에 근본적으로 狀況倫理를 부정한다.

이 世上을 惡이 지배하고 있는 듯이 보이지만 그리스도교의 세계관은 惡이 결국 하느님의 審判 아래 있으며, 궁극적으로는 그리스도인은 악을 초월함의 恩惠를 소유하고 있다. 이는 審判 主 되시는 하느님께서 도덕적인 분이시기 때문이다.

인간은 하느님의 形狀대로 지음 받았기 때문에 다른 동물들과 달리, 도덕적인 가치와 선택을 受用한다. 인간은 自身의 선택에 의해 도덕적인 존재가 된 것이 아니라 처음부터 도덕적인 책임을 지는 존재로 지음 받았다.

인간이 절대적인 윤리성의 그림자를 갖고 있다는 것은 하느님의 은혜이다. 인간이 하느님의 啓示를 따라 인간 자신 本來의 목표를 지향

해 나갈 수 있도록 인도하시는 분은 바로 三位一體 하느님이시다.
삼위일체

　인간은 이 세상에서 本能에만 매여 사는 소극적 거주자도 아니며 자
본능
기 마음대로 살아가도록 허용받은 自律적인 존재도 아니다.
자율

　인간이 거룩해야 하는 理由는 인간을 지으신 하느님이 거룩하라고
이유
명령하시기 때문이다. 舊約聖經에서 십계명과 언약궤는 하느님의 계
구약성경
시에 기초한 구체적인 행동 규범의 例들을 제시하고 있다. (레 19:2,
11:44)

　그리스도인에 있어서는 상황윤리에 대하여 조심성이 요구 된다. 인
간은 타락된 本性이 내재해 있고 傷處 입은 무의식의 흔적들이 있기
본성　　　　　　　　상처
때문에 예수 그리스도의 靈으로 다시 남으로, 그리스도께 椄木된 자로
영　　　　　　　　　　　　　접목
서 성령 충만의 삶으로 타락의 본성을 극복한다.

　漸進的으로 그리스도를 닮은 성화와 영화로 그리스도께서 인도하신
점진적
다. 結局에는 악을 심판하시고, 하느님의 義를 세우심을 믿는다. 건강
결국　　　　　　　　　　　　　　　　의
한 그리스도인은 거룩한 靈의 것들로 채움으로써 샤머니즘적인 종교
영
행위를 배제해 나간다.

2. 구속

　回復이란 말은 화해를 전제로 하고 있으며 근본적인 화해는 하느님
회복

과 犯罪한 인간의 화해이다. 화해하지 않고는 회복할 수 없다. 다른 종
교는 인간이 신(神)의 怒를 풀고 그 神과 화해를 하려고 노력하지만 성
경에 나타난 하느님은 자신이 먼저 화해를 하셨다.

"하느님이 그리스도 안에 계셔서 세상을 자기와 화목하게 하시며…
화목하게 하는 말씀을 우리에게 부탁 하셨느니라." (고후 5:19)

화해란 예수님의 피가 우리의 죄를 덮어버리고, 우리의 죄에 대한
하느님의 震怒를 풀어버리므로 일어난 것이다.
"이 예수를 하느님이 그의 피로 因하여 믿음으로 말미암는 화목제
물로 세우셨으니(롬 3:25), 예수님은 십자가에 죽으심으로 죄로 인한
우리의 詛呪를 대신 받으셨다(갈 3:13) (신 21:23). 하느님과 화해하
게 되자 인간은 하느님과 자녀로서의 身分을 갖게 되었으며, 하느님
아버지의 무한한 資源을 사용할 수 있게 되었다. 그리고 하느님과 평
화하게 되었다. 이러한 화해의 二次的 대상은 인간이며, 다음으로 인
간의 타락으로 피폐해진 다른 모든 피조세계이다.

以上은 하느님 편에서 본 구속이며, 어떻게 구속이 이루어지고 그
구속의 結果로 하느님과 인간의 관계는 어떻게 달라지었는가를 보았
다. 이러한 것들은 구속의 객관적인 側面이라고 할 수 있다.

이러한 구속의 객관적인 측면을 개인이 받아들일 때, 비로소 主觀的

인 구속이 이루어지게 된다. 구속의 모든 과정은 하느님의 은혜로, 하느님의 이니셔티브로 우리에게 베풀어진 것이지만 인간이 이것을 意志的 결단을 통해 받아들이지 않으면 아무런 소용이 없다. "성경대로 그리스도께서 우리 죄를 위하여 죽으시고, 장사 지낸 바 되었다가 성경대로 사흘 만에 다시 살아나신" 것을 믿기로 결단할 때 구속이 이루어진다. (고전 15:3-4)

聖經에는 "물과 성령으로 거듭났다."(요 3:5) 혹은 "하느님의 자녀가 되었다."(요 1:12, 롬 8:16, 요일 3:2) 등 여러 表現을 사용하고 있지만 嚴密한 義는 다소 다를지, 모르나 모두 구속받은 상태를 나타내는 말들이다. 거듭 定意할 수 있는 것은 한 개인의 구속은 만물(피조세계)이 새로운 관계로 다가온다.

人間이 하느님과 관계가 뒤틀리게 되면서 하느님과의 관계뿐 아니라 피조 세계도 인간으로 인하여 傷處를 입는다. 마구 훼손되며, 피조물들은 하느님 나라에 服從되고 사용됨이 아니라 타락한 인간의 썩어없어질 것들에게 복종하게 됨으로써 구속의 恩惠로 새로워진 하느님의 사람이 나타나기를 학수고대하고 있다.

그리스도인들이 이 신비를 自覺함으로서 천지창조 당시의 하느님의 뜻이 하늘에서와 같이 이 땅에서도 세워질 것이다. 개인의 구속은 개인적이면서도 한 몸 된 原理의 개념에서 개인을 전체의(한 몸) 우위에 생각할 수는 없는 것이다. 가지가 나무에 結束됨으로써 나무로서의 충만한 생명을 이룰 수 있기 때문이다.

그리스도인의 대면(對面) (2012. 8. 기록)

'세 살 버릇 여든 간다'는 말이 있듯이 사람이 나이를 먹어도 變하지 않는 사람을 두고 하는 말이다. 따라서 젊은 夫婦의 가족과 教育界에서는 유아교육에 심혈을 기울이고 있다. 유아 교육비도 만만찮다.

프로이트는 3살이면 인성의 대부분이 形成되고, 6살이면 일생을 살아갈 기초 人性이 형성된다고 하여, 신경정신과, 心理學界에서 놀라운 파장과 영향을 미쳤다. 심리학이 活氣를 띠고, 찬, 반의 많은 논의와 자료가 나온 것이다.

그중 '에릭슨'은 '프로이트'의 이론에 基礎하여 연구 발표한 資料는 '인간이 무덤에 들 때까지 교육과 환경에 의해서 변화한다'는 이론을 제시했다.

오늘날 유아교육에 至大한 관심의 까닭이 왜일까?

인간이 一生을 살면서 정도의 차이지 상처와 苦痛을 전혀 모르고 일생을 사는 사람은 없다. 그것이 構造的 환경이고, 그것이 바로 失樂園인 것이다.

人間이 상처와 어려움으로 묶이고 갇혀서 수렁으로 빠져들고 있는 구조적 환경을 해결하려고 하느님께서 사람의 옷을 입고 降生, 受難, 復活 사건은 실낙원의 구조적 환경을 해결하신 事件이다. 그것이 바로

福音이다.
복음

프로이트는 傷處로 어려움을 겪고 있는 患者를 치료하는 신경정신
상처   환자
과 의사였다. 그의 환자를 治療하는 과정에서 많이 苦悶하고, 探索,
치료   고민   탐색
研究한 결과 자료가 바로, '3살이면 인성이 기의 형성되고, 6살이면
연구
일생을 살아갈 인성이 다 형성된다'는 理論이다.
이론

나는 오늘 명성교회 說教를 통하여 '성철스님'의 마지막 遺言의 내
설교   유언
용을 알게 됐다.'내가 數많은 젊은이들과 사람을 속였다', '잘못 살았
수
다', ' 하늘을 속이고, 젊은이들을 속이고 수많은 사람들을 속인 죄로
나는 지금 地獄으로 떨어진다'의 내용이라는 것이다.
지옥
한번은 모 대령이 '성철스님'을 찾아가서 相談한 내용인즉슨 '남은
상담
生을 意味 있게 살고 싶으니 어느 절이 좋겠습니까?'를 물었는데 '영
생   의미
락교회로 가라!' 하셔서 영락교회 집사님이 되셨다는 말씀도 하셨다.

하느님은 의미 있는 사람들을 通하여 하느님의 지혜를 넉넉히 주셨
통
다. 어떤 사람은 聖職者로, 어떤 사람은 醫師로, 어떤 사람은 山川草木
성직자   의사   산천초목
도 손뼉을 칠 정도로 전문인으로 세우시고 가나안을 가꾸게 하신다.
그리스도께 椄木되어 그리스도의 生命으로 결실하면 '에릭슨이 제시
접목   생명
한 인생보다도 上向된 삶'인 것이다. 그리스도께 접목 결실한 생명은
상향
복음의 내용을 발굴할 수 있다!

포도나무 (1992. 2. 기록)

후!
바람이 부네

영글지 못한
사랑이
흩날리고

너와 나는 바람에
뒤죽박죽이 되네

너와 나는 따로
있고

바람이 불면 살아
남으려고
안간힘을 쓰네

여린 신앙마저
잃었다면

너와 난 이미

바람결에

사라졌을 것을!

法典의
법전

측량자대로만

나를 버릴 재

너와 나는

主안에
주

함께일진대

사랑으로 영글어

흩날리지

않으련만

오늘도

바람은 불고

南과 北이
남   북
부둥켜안고자

안간힘을

쓰건만

너와 나는

부끄럽기가

그지없네

찢기어진 教會가
          교회
사랑으로

영글어야겠기에

너와 내가

부둥켜 안아야 하네

지금쯤

참 포도를 맺혔어야

할 때 (時節)

오호라!

열매 맺기 위하여

剪枝를 해야 하네
전지

男과 女가
남   여
함께 살기 위하여

버리는 法을 배우고
법
취하는 法을 배우는데
법

너는 너대로

나는 나대로

따로 있네

야훼의 종들은

제각기

이대로

좋다고 하네

오늘도 바람은
불고…

이런저런 열매를
드리건만

主께서는
근심을
아니 푸시고

가장
중앙부에 맺힐
열매를
찾으시다가

네게도
내게도
들 포도라 하시네

오호라! 주님의

타작마당에서

열매를

기어이 드려야겠네

剪枝를 하고
전지

사랑으로 영글어

야훼 식탁에서

순전함으로

主와 더불어
주

기쁨의 절정을

이루리다!

(* 新, 舊敎의 보완적 신앙,
    신   구교

  보완적 예배, 삶을 갈망함)